Genneper

Als Patient bei Samuel Hahnemann

Als Patient bei Samuel Hahnemann

Die Behandlung Friedrich Wiecks in den Jahren 1815/1816

Von Thomas Genneper

Mit 5 Abbildungen

Karl F. Haug Verlag · Heidelberg

CIP-Titelaufnahme der Deutschen Bibliothek

Genneper, Thomas:
Als Patient bei Samuel Hahnemann: die Behandlung Friedrich Wiecks in den Jahren 1815/1816 / von Thomas Genneper. – Heidelberg: Haug, 1991
  Zugl.: Aachen, Techn. Hochsch., Diss., 1990
  ISBN 3-7760-1197-1

Titel-Nr. 2197 · ISBN 3-7760-1197-1

Gesamtherstellung: Druckerei Heinrich Schreck KG, 6735 Maikammer

Meiner Mutter

Inhalt

Vorwort 9

Verzeichnis der Abkürzungen 10

1   Einleitung 11

2   Kurze Darstellung der von Hahnemann
entdeckten homöopathischen Therapieform 13

3   Erläuterungen zu den Krankenjournalen 15
3.1   Geschichte der Krankenjournale 15
3.2   Zweck, Inhalt und Aufbau der Krankenjournale . 16

4   Hahnemanns Praxis zur Zeit der Behandlung
von F. Wieck 19
4.1   Patientenzahlen 19
4.2   Schichtung der Patienten
(Altersstruktur/soziale Schichtung) 21
4.3   Einzugsgebiet der Patienten 23

5   Die Kasuistik Friedrich Wiecks aus
den Jahren 1815/16 24
5.1   Biographie Friedrich Wiecks 24
5.2   Kommentierende Zusammenfassung der
Kasuistik mit Versuch einer Diagnose-
stellung 27
5.3   Analyse 36
5.3.1   Hahnemanns Methodik der Anamnese und
Befunderhebung 36
5.3.2   Hahnemanns Therapie 53
5.3.2.1 Darstellung der bei Wieck durchgeführten
Therapie. 53
5.3.2.2 Methodik der Arzneiwahl 67
5.3.2.3 Oral verabreichte Mittel. 75
5.3.2.4 Riechen an Arzneien 79
5.3.2.5 Magnetismus. 81
5.3.2.6 Kritische Betrachtung der Arzneitherapie
im engeren Sinn 83

5.3.2.7 Placebos. 88
5.3.2.8 Mesmerismus 92
5.3.2.9 Diät und begleitende Lebensumstände 95
5.3.3   Darstellung allopathischer Therapiemög-
        lichkeiten der Krankheiten Wiecks 97
5.3.4   Honorarfrage. 98
5.3.5   Verfügbarkeit Hahnemanns 99

6   Schlußbemerkung 100

Anmerkungen 101
Literatur. 105
Personenregister 107
Sachregister 108

Anhang I: Transkription der Kasuistik von
               Friedrich Wieck. 109
Anhang II: Transkription der Kasuistik der
               Patientin Schubertin 155
Anhang III: Tabellen und Graphiken. 156
Anhang IV: Kurzbiographie Hahnemanns 162

Vorwort

Das zunehmende Interesse, das die Homöopathie sowohl bei Ärzten als auch bei Patienten gegenwärtig findet, hat die Aktivitäten auch im Bereich der Homöopathie-Geschichte spürbar ansteigen lassen. Besondere Aufmerksamkeit zieht dabei der Begründer dieser Therapieform, der deutsche Arzt Dr. Samuel Hahnemann, auf sich. Während seine Anweisungen zur korrekten Durchführung der homöopathischen Behandlung bekannt sind, weiß man wenig darüber, wie er in seiner täglichen Praxis wirklich vorging. Um Einblick in seine praktische Anwendung der Homöopathie zu gewinnen, bieten uns die Krankentagebücher Hahnemanns eine großartige, aber bislang viel zu gering genutzte Möglichkeit.

Gerne habe ich die Gelegenheit wahrgenommen, einen Beitrag zu diesen Untersuchungen zu leisten, und ich hoffe, daß die Ergebnisse meiner Arbeit manche Anregung zu weiteren Nachforschungen geben werden. Daneben findet sich sowohl für medizin- als auch für musikhistorisch interessierte Leser erstmals die vollständige Wiedergabe der Kasuistik von Friedrich Wieck aus den Jahren 1815/16.

An dieser Stelle möchte ich Herrn Prof. Dr. med. habil. *Axel Hinrich Murken* für die Überlassung des Themas, und seinem Assistenten, Herrn Dr. med. *Peter Voswinckel*, für die Betreuung der Arbeit, meinen ganz besonderen Dank aussprechen. Große Unterstützung wurde mir, insbesondere bei Fragen der praktischen Homöopathie, von Herrn Dr. med. *Klaus-Henning Gypser*, Glees, zuteil. Auch stand mir seine umfangreiche Bibliothek jederzeit offen. Ohne die Einsichtnahme in Archivmaterial des Instituts für Geschichte der Medizin der Robert-Bosch-Stiftung, Stuttgart, die mir von Herrn Prof. Dr. phil. *Werner Friedrich Kümmel* in großzügiger Weise gewährt wurde, hätte diese Arbeit nicht zustande kommen können. Sein Assistent, Herr *Walter Nachtmann*, hat mir manche Stunde für die Bearbeitung wichtiger Detailfragen gewidmet. Die Benutzung des Mikrofiche-Lesegerätes vom „Förderverein für Homöopathie", Pforzheim, hat mir meine Arbeit wesentlich erleichtert.

Verzeichnis der Abkürzungen

CK I-V   = „Die Chronischen Krankheiten", Teil 1-5, von S. Hahnemann, 2.Aufl.

FRAG   = „Fragmenta De Viribus Medicamentorum Positivis sive in Sano Corpore Humano Observatis" von S. Hahnemann

IGM   = Institut für Geschichte der Medizin der Robert-Bosch-Stiftung, Stuttgart

KMS   = „Kleine medizinische Schriften"von S.Hahnemann

ORG I   = „Organon der rationellen Heilkunde"von S. Hahnemann

ORG II-VI = „Organon der Heilkunst" von S. Hahnemann 2.-6. Auflage

RA I-VI   = „Reine Arzneimittellehre", Teil 1-6, von S. Hahnemann

1
Einleitung

Für meine Betrachtungen habe ich eine bislang noch nicht praktizierte Form gewählt, nämlich Hahnemanns Vorgehen anhand **eines** Patienten, der längere Zeit in seiner Behandlung war, zu verfolgen. Damit ist eine sehr gute Möglichkeit gegeben, den Ablauf einer homöopathischen Therapie durch Hahnemann nachzuvollziehen und zu bewerten, beispielsweise hinsichtlich ihrer Ergebnisse oder inwieweit sich Hahnemann an seine eigenen, im Organon geäußerten Forderungen in der täglichen Praxis hielt. Der Nachteil einer solchen Darstellung liegt darin, daß aus der Bearbeitung **eines** Falles kaum Allgemeinaussagen zu formulieren sind. Diese bleiben weiteren, ähnlich angelegten Untersuchungen vorbehalten.

Durch die spätere Prominenz von Friedrich Wieck gewinnt die von mir bearbeitete Krankengeschichte einen besonderen Reiz, ist aber auch deshalb für meine Betrachtung geeignet, weil sie sich über einen genügend langen Zeitraum erstreckt und zusätzlich zu einem chronischen noch einen akuten Fall beinhaltet.

Wie Friedrich Wieck zu Hahnemann gefunden hat, ist unklar, möglicherweise kam der Kontakt über einen Schüler Hahnemanns zustande, nämlich *Karl Gottlob Franz* oder *Franz Hartmann*, da der Name „Franz" in den Journal-Aufzeichnungen zweimal in Zusammenhang mit Wieck erwähnt wird (s. S. 119/145). Wahrscheinlich handelt es sich dabei um Karl Gottlob Franz, da dieser zur gleichen Zeit bei Hahnemann in Behandlung war, wie uns *Haehl* mitteilt [1] und wie zudem aus den Journalen zu ersehen ist.

Die Beziehung zwischen Hahnemann und Wieck scheint noch lange fortbestanden zu haben, denn am 10. August 1839 gab Wiecks Tochter *Clara*, die als hervorragende Pianistin bereits bekannt war, bei Hahnemanns 60. Doktorjubiläum Kostproben ihres Könnens [2], war aber offenbar auch schon vorher, nämlich am 1. März 1839, mit ihm zusammengetroffen [3].

Als Grundlage für meine Betrachtungen dient der von mir transkribierte Text der Kasuistik Wiecks aus den Krankentagebüchern

Hahnemanns. Alle hieraus entnommenen Zitate sind demnach mit Seitenangaben versehen, die sich auf die im Anhang abgedruckte Transkription beziehen.

2
Kurze Darstellung der von Hahnemann entdeckten homöopathischen Therapieform

Ganz im Gegensatz zur allopathischen Therapie, die dem Prinzip „Contraria contrariis" folgte, d.h. die verwendeten Pharmaka sind in ihren Wirkungen der zu behandelnden Krankheit entgegengesetzt, entdeckte Hahnemann mit der auf dem Grundsatz „Similia similibus" – die Arzneien rufen am Gesunden eine ähnliche Symptomatik hervor, wie sie an dem jeweils zu heilenden Patienten beobachtet werden kann – basierenden Homöopathie eine völlig andere Form der Krankenbehandlung.

Bei der Auswahl der zu verabreichenden Arznei hat der Arzt zunächst das zu Heilende des Patienten zu erkennen [4]. Dies zeigt sich in Form der Symptome, also den Abweichungen vom vormals gesunden Zustand [5]. Überlegungen und Nachforschungen über den Hintergrund der Symptome führen nach Hahnemann bei der Krankheits-Erkenntnis nicht weiter. Lediglich das am Patienten von diesem selbst, von den ihn Umgebenden sowie vom Arzt Wahrnehmbaren ist von Interesse.

Als Zweites müssen die Wirkungen der Arzneien gekannt werden, und zwar ihre krankmachenden am gesunden menschlichen Körper. Diese werden im Rahmen von Arzneimittelprüfungen beobachtet, deren Ergebnisse als Materia medica festgehalten werden.

Schließlich muß der Arzt im jeweiligen Krankheitsfall dem Ähnlichkeitsgesetz gemäß der am Patienten zu beobachtenden Symptomatik das entsprechende Arzneimittel zuordnen.

In der Homöopathie kommen die unterschiedlichsten Substanzen zur Anwendung, sie können tierischen, pflanzlichen und mineralischen Ursprungs sein, aber auch Krankheitsprodukte, wie das aus Streptokokkeneiter hergestellte Streptococcinum werden verabreicht. Alle Arzneien werden in hohen und höchsten Verdünnungen abgegeben, wobei man in der Homöopathie allerdings nicht von Verdünnung, sondern von Potenz spricht, da davon ausgegangen wird, daß bei jedem Verreibungs- oder Verschüttelungsvorgang die Arznei weiter aufgeschlossen und damit ihre Wirksamkeit gesteigert (potenziert) wird.

Diese Ausführungen zum Prinzip der Homöopathie sollen zunächst genügen, im Verlauf meiner Arbeit wird auf die Entdeckungen Hahnemanns noch genauer eingegangen.

3
Erläuterungen
zu den Krankenjournalen

3.1 Geschichte der Krankenjournale

Hahnemann begann im Jahre 1799 damit, seine Aufzeichnungen über Patientenbefunde und Verordnungen systematisch in den uns vorliegenden Büchern, sogenannten Journalen, festzuhalten. Diese Praxis behielt er bis zu seinem Tod im Jahre 1843 bei und füllte dabei 54 Bände, wobei während seiner Pariser Zeit in zunehmendem Maße Hahnemanns zweite Frau, *Melanie d'Hervilly*, an der Journalführung partizipierte.

Nach dem Tod Hahnemanns gingen die Journale komplett in den Besitz von Melanie über, die sich bis zu ihrem Tod im Jahre 1878 nicht dazu entschließen konnte, diese trotz intensiver Bemühungen interessierter Kreise aus ihrer Hand zu geben.

Auch nach ihrem Tod gestalteten sich die Verhandlungen zwischen den sich um die Journale bemühenden Ärzten und Melanies Adoptivtochter, Frau Dr. *Sophie v. Bönninghausen*, trotz eines gewissen finanziellen Entgegenkommens ihrerseits nicht erfolgreicher. Vor allem die homöopathischen Ärzte Amerikas hatten sich für Hahnemanns schriftliche Hinterlassenschaft interessiert. 1897 nahm Dr. *Richard Haehl*, Autor der umfangreichen Hahnemann-Biographie, Kontakt zu ihr auf. Nach ihrem Tod 1899 führte dann ihr Mann, Dr. *Carl v. Bönninghausen*, die weiteren Verhandlungen, und obwohl es an seinem Wohnsitz Darup in Westfalen zu einem Treffen mit Dr. Haehl kam, gelang keine Einigung.

Nachdem auch er 1902 verstorben war, wechselte der Hahnemannsche Nachlaß verschiedentlich den Besitzer, da keine Kinder aus dieser Ehe und damit keine direkten Erben vorhanden waren. 1906 sprach Dr. Haehl bei den Erben in Darup vor, konnte aber nichts erreichen. Die Hoffnung, an das umfangreiche Schriftmaterial Hahnemanns doch noch heranzukommen, wurde zunehmend geringer. 1920 gelang es Haehl schließlich doch über einen Baron *v. Bönninghausen*, den literarischen Nachlaß und damit auch die Krankenjournale des 1843 verstorbenen Hahnemann zu erwerben [6].

Später gingen sie in den Besitz des Robert-Bosch-Krankenhauses, Stuttgart, über und lagern jetzt mit Ausnahme des verschollenen 1. Bandes im Archiv des „Instituts für Geschichte der Medizin der Robert-Bosch-Stiftung", ebenfalls Stuttgart. Bislang wurden erst vier Bände transkribiert und veröffentlicht, und zwar von *Henne* 1963 die Journale Nr. 2 und 3 sowie 1968 das Journal Nr. 4, 1987 folgte von *Varady* das Journal Nr. 5.

3.2 Zweck, Inhalt und Aufbau der Krankenjournale

Hahnemann legte die Journale ausschließlich zu persönlichen Zwecken an, um sich die Symptome seiner Patienten, die Untersuchungsergebnisse, gelegentlich auch in Form von Zeichnungen, die sich auf Hautaffektionen beziehen, aber auch persönliche Daten, wie Alter, Wohnort usw. und natürlich die Verordnungen zu notieren, damit er bei Bedarf jederzeit nachschlagen konnte. Andere Aufzeichnungen, z.B. wissenschaftlicher Art, nehmen nur einen kleinen Raum ein. Es gibt keinen Hinweis darauf, daß Hahnemann jemals das Ziel im Auge hatte, mit seinen Journalen der interessierten Nachwelt Auskunft über seine tägliche Praxis zu geben. Sonst hätte er wohl kaum seine Verordnungen in einer teilweise so schwer verständlichen Form niedergeschrieben, daß wir nach heutigem Kenntnisstand in der Hahnemann-Forschung in vielen Fällen über Spekulationen ihrer Bedeutung noch nicht hinausgekommen sind.

Nun zu den von mir zwecks Transkription der Wieck-Kasuistik herangezogenen Journalen 12, 13 und 14. Allen steht der nachträglich hinzugefügte Eigentumsvermerk in Form des Namenszuges Marie Melanie (bzw. Melanie Marie) d'Hervilly voran. Die Patienten-Aufzeichnungen erfolgen in chronologischer Reihenfolge, so daß, wenn ein Patient mehrmals erschien, keine zusammenhängende Krankengeschichte entstand. Wollte sich Hahnemann über die vergangenen Konsultationen eines Patienten einen Überblick verschaffen, so mußte er entsprechend zurückschlagen. Wenn ein Patient erstmals zu ihm kam, vermerkte er sich des öfteren das Alter, manchmal den Beruf, auch der Wohnort bzw. in Leipzig die Straße wurden gelegentlich notiert. In einigen Fällen hielt er auch Verwandtschafts- oder Bekanntschaftsbeziehungen zu anderen Personen fest. Häufig tauchen in den Journalen neue Namen ohne weitere Angabe zur Person auf, manchmal notierte er sich sogar nur den Vornamen, möglicherweise waren ihm diese Patienten näher bekannt. Aber auch Namensnennungen ohne jede Notiz, also ohne Symptome oder Mittelverordnung, sind gar nicht so selten und manchmal findet sich nur eine Mittelverordnung. Es scheint, als ob Hahnemann sich nicht zu jedem Patienten Notizen gemacht hätte; wir müssen also davon ausgehen, daß uns die Journale keinen vollständigen Überblick über Hahnemanns Praxis geben.

Wenig Wert hat Hahnemann übrigens auf die korrekte Schreibweise der Namen seiner Patienten gelegt, die sich in immer wieder anderer Weise niedergeschrieben finden. Auch seine Gewohnheit, bei Frauen die Endung „in" an den Familiennamen anzuhängen, führte er nicht konsequent durch. Gar nicht selten notierte sich Hahnemann in Verbindung mit dem Namen, ob der Patient verheiratet oder ledig war. Dies überrascht nicht, wenn man weiß, für wie wichtig er die Ehe in Hinblick auf körperliches und seelisches Wohlbefinden hielt. So äußerte er 1833 in einem Gespräch:

„Heiraten Sie je eher je lieber! Die Ehe ist das allgemeine Spezifikum des Körpers und des Geistes." [7]

Hahnemann benutzte durchgängig die altdeutsche Schrift, gelegentlich finden sich auch lateinische Buchstaben. Der lateinischen Sprache bediente er sich nur in seltenen Fällen. Es folgt ein graphologisches Urteil über Hahnemanns kleine, aber schöne Handschrift, das im Jahre 1897 anhand einer Schriftprobe aus dem Jahre 1828 erstellt wurde:

„Eingesandte Schriftprobe ist mindestens 60 Jahre alt. Dieselbe zeigt uns einen feinen Geist und einen mehr fein als groß angelegten Charakter, mehr detaillirend als die Dinge engros nehmend. Der Charakter ist klar und maßvoll, die Stimmung meist gleichmäßig, doch bisweilen nicht ohne Schärfe, ja sogar rücksichtslos dareinfahrend.

Er vermeidet alles Unnötige, liebt auch knappe Ausdrucksweise, ist sparsam und einfach.

Dabei eine harmonische Natur, ruhig und kühl, Extravaganzen meidend, bedächtig und sinnig, natürlich, wohlwollend und höflich.

Im Ganzen offen, doch klug, zurückhaltend und zuweilen verschlossen.

Bis ins Kleinste feiner Beobachter, sehr genau und pünktlich. Rasches, instinktiv richtiges Urteil, Scharfblick, Sorgfalt, Kritik, gern feilend.

Weder eitel, noch eingebildet, begabt mit Schönheitssinn, wenig Sinn für Äußeres und Repräsentanz. Vorwiegend logisch entwickelnder, ausführender, ins Werk setzender Geist, geschäftig und nachspürend, rüstig einherschreitend." [8]

4
Hahnemanns Praxis zur Zeit
der Behandlung von F. Wieck

In diesem Kapitel versuche ich mittels der drei von mir benutzten Krankenjournale einen Einblick in Hahnemanns Praxis zu geben, so wie sie sich zur Zeit der Behandlung von Friedrich Wieck darstellt. Diese Betrachtungen müssen natürlich alle unter dem Vorbehalt der Unvollständigkeit der Aufzeichnungen Hahnemanns gesehen werden.

4.1 Patientenzahlen

Im Durchschnitt finden wir in den drei Journalen 10 – 15 Patienten täglich notiert. Falls neue Patienten in den Aufzeichnungen erscheinen, sind es 1 – 2 am gleichen Tag, ausnahmsweise können es bis zu fünf sein. Die uns bis heute vorliegenden Berichte gehen davon aus, daß Hahnemann die Patienten in der Reihenfolge vornahm, wie sie gekommen waren. Aus zweierlei Gründen halte ich es hingegen für möglich, daß Hahnemann zum Teil neue Patienten, für die man in der Regel mehr Zeit aufwenden muß, zunächst nach Hause schickte und sie für den nächsten Tag wiederbestellte, natürlich nur dann, wenn es sich nicht um etwas Dringendes handelte. Für meine Annahme spricht einerseits, daß sich hinsichtlich der Zahl der täglichen Neupatienten ein relativ gleichmäßiges Bild ergibt. Andererseits finden sich in den Journal-Aufzeichnungen mehrfach Namensnennungen, teilweise mit Altersangabe, aber ohne jede weitere Notiz, die am nächsten Tag erneut im Journal erscheinen und dann eine genaue Symptomenaufzeichnung vorweisen. Offenbar hat Hahnemann diese Patienten zunächst nur kurz empfangen und für den folgenden Tag einbestellt, um sich ihnen intensiver widmen zu können.

Auch Wiecks Name wurde samt Leipziger Adresse am 16.Januar 1815 schon 2 Seiten vor dem Krankenbericht niedergeschrieben

(S. 109), es scheint, daß Wieck zu einem späteren Zeitpunkt am gleichen Tag wiederbestellt wurde.

Diese Fakten passen sehr gut zu Hahnemanns Vorstellungen über den Ablauf einer für die homöopathische Mittelfindung brauchbaren Konsultation, zu der man sich ausreichend Zeit zur genauen Symptomenaufzeichnung nehmen sollte, vornehmlich bei neuen Patienten. Das bedeutet natürlich eine Begrenzung der Zahl der täglichen Beratungen, was er im Jahre 1834 in einem Brief an Dr. *Aegidi* deutlich ausdrückte:

> „Wie könnten die Herren sich denn so oft rühmen, daß sie Tags 30, 40 Patienten besorgen könnten! Wieviel Zeit gehört nicht dazu, durch genaues Nachsuchen und Aufschlagen der Hülfsbücher auch nur für **einen** Kranken das dienliche Mittel ausfindig zu machen. Diese Zeit aber können sie sich unmöglich bei 30, 40 Patienten nehmen. Wie wären sie also im Stande, für jeden etwas genau passendes ausfindig zu machen? Oder haben die Herren die reine Arzneimittellehre und alles, was von Arzneien in dem chronischen Krankheitsbuche etc. steht, so am Schnürchen im Kopfe, daß nach Erkundigung der Umstände des Kranken, wozu ich nicht selten 1/2, 3/4 Stunde brauche, stehenden Fußes ihnen sogleich das passendste Mittel in den Sinn kömmt?" [9]

Man darf aus den im Vergleich zu einer allopathischen Praxis eher mäßigen Patientenzahlen also keinesfalls darauf schließen, daß Hahnemann nicht gesucht war, sondern es ist davon auszugehen, daß er aufgrund sachlicher Erfordernisse Grenzen ziehen mußte.

Eine Betrachtung hinsichtlich der Konsultationsfrequenz der einzelnen Patienten zeigt, daß die überwiegende Menge mehrfach zu Hahnemann kam. Die meisten scheinen somit die Behandlung zu Ende geführt zu haben, entwickelten also offenbar nach der ersten Konsultation ein gewisses Vertrauen zu ihm, oder/und die Behandlung verlief erfolgreich.

4.2 Schichtung der Patienten (Altersstruktur/soziale Schichtung)

Aus den allerdings sehr unvollständigen Angaben Hahnemanns in den Journalen 12-14 hinsichtlich Alter und Beruf seiner Patienten habe ich versucht, einen Überblick über deren Alters- und Sozialstruktur zu gewinnen, so wie sie sich zur Zeit der Behandlung von Friedrich Wieck darstellt. Dabei habe ich jene Angaben Hahnemanns verwendet, die in eindeutiger Verbindung zu den Namensnennungen vermerkt sind. Exaktere Ergebnisse wären natürlich dann möglich gewesen, wenn auch versteckter gelegene Notizen hätten mit einbezogen werden können. Dazu jedoch ist ein Studium des Journaltextes vonnöten, was nicht Aufgabe dieser Arbeit sein sollte. Entsprechende Untersuchungen sind schon vor geraumer Zeit begonnen worden; ehe Ergebnisse für die mich interessierenden Journale zu erwarten sind, werden noch Jahre vergehen. So begnüge ich mich also im Rahmen meiner Arbeit mit einem **Überblick** zu der Fragestellung der Alters- und Sozialstruktur. Zu diesem Zweck habe ich einerseits die im Anhang auf S. 156 dargestellten Graphiken zur Altersverteilung für jeden Band erstellt und daran anschließend (S. 157/158) Listen, die Auskunft über die Häufigkeit der notierten Berufe der Patienten selbst und den Berufen der nächsten Angehörigen (Vater und Ehemann) geben. In Band 12 sind ca. 50% der neuen Patienten mit einer Altersangabe versehen, 65% in Band 13 und 55% in Band 14. Der Beruf wird in Band 12 bei ca. 18% der Neupatienten erwähnt, in Band 13 bei 32% und Band 14 bei 31%. Hinsichtlich der Altersstruktur lassen sich also wesentlich repräsentativere Aussagen als zur sozialen Schichtung machen.

Dennoch ist es möglich, einige Feststellungen zu treffen. So ist deutlich zu erkennen, daß sich Hahnemanns Patientenklientel aus allen Schichten zusammensetzt, vom Tagelöhner über Handwerker bis hin zum Pastor. Sogar ein Vertreter der Apothekerzunft, mit der Hahnemann in Leipzig noch so viel Ärger bekommen sollte, war unter seinen Patienten. Trotz der beschränkten Aussagefähigkeit der Auflistung verdienen zwei Tatsachen besondere Beachtung, nämlich die relativ hohe Zahl von Pastoren und der auffallend hohe Anteil von Theologie- und Jurastudenten. Die intensive Frequentierung Hahnemanns durch die Studenten setzt sich auch in den nächsten Journalen fort. Hier muß eine irgendwie geartete Verbindung bestanden haben, die aufzudecken allerdings nicht ganz einfach ist. Am ehesten lassen sich die Kontakte zu Studenten dieser geisteswissenschaftlichen Fakultäten noch dadurch erklären, daß Hahnemann Dozent an der medizinischen Fakultät der Leipziger Universität war, und zwar seit dem Wintersemester 1812 bis zu seinem Weggang von Leipzig 1821, wobei sich seine Vorlesungen ganz der Homöopathie widmeten. Wie uns Haehl zu berichten weiß, wurden seine Vorlesungen vor allem anfangs sehr gut besucht, auch von Studenten anderer Fakultäten, die im wesentlichen aus Neugier kamen, da Hahnemanns Temperament meist mit ihm durchging und ihn zu Wutausbrüchen über die herrschende Medizin verleitete. Im Laufe der Jahre schwand dann aber das Interesse der Hörer zusehends, so daß schließlich nur noch seine unmittelbaren Schüler zugegen waren. [10]

Hahnemann war aber unter den Leipziger Studenten bekannt geworden, viele von ihnen wußten, daß er eine andere als die bislang übliche Medizin praktizierte. Und diese neuen Erkenntnisse begegneten jungen Leuten in einem von der Aufklärung beeinflußten Zeitalter. Ist es da so verwunderlich, daß gerade Studenten der Geisteswissenschaften dem aufgeschlossen gegenüberstanden und auch den Versuch einer homöopathischen Behandlung bei Hahnemann wagten?

Daß sich nur ein Medizinstudent in den drei Journalen vermerkt findet, mag zunächst gegen meine These sprechen. Dies wird aber schnell verständlich, wenn man weiß, daß es diejenigen von Hahnemanns Schülern, die zugleich Medizinstudenten waren, an der medizinischen Fakultät sehr schwer hatten, daß vor allem die Professoren die Anhänger Hahnemanns einzuschüchtern versuchten [11]. So war es natürlich auch gefährlich für einen Medizinstudenten, als Patient bei Hahnemann gesehen zu werden.

Über einen Hochschulkontakt kam übrigens auch Karl Gottlob Franz, später einer seiner eifrigsten Schüler, zu Hahnemann. Er hatte seit 1813 in Leipzig Theologie studiert und kam, nachdem er allopathisch ohne Erfolg therapiert worden war, auf Hinweis eines

22

medizinischen Kommilitonen zu Hahnemann [12]. Der Name „Franz" findet sich des öfteren in den von mir bearbeiteten Journalen. Über die mögliche Beziehung zu Wieck habe ich bereits in der Einleitung gesprochen. Auch von K.G.Franz könnten Impulse auf seine Kollegen ausgegangen sein, im Krankheitsfall die Hahnemannsche Therapie zu versuchen.

Daß bei der Altersstruktur der Patienten das Maximum bei den 21-30jährigen liegt, stützt meine These von der Aufgeschlossenheit jüngerer Leute gegenüber der Homöopathie. Bemerkenswert ist der relativ hohe Anteil der bis zu 10jährigen. Wer seine Kinder zu Hahnemann brachte, mußte viel Vertrauen in seine neue Heilmethode haben und durch eigene oder gute Erfahrungen Bekannter dazu veranlaßt worden sein.

4.3 Einzugsgebiet der Patienten

Aus den Angaben Hahnemanns zum Wohnort der Patienten läßt sich erkennen, daß zum Teil lange Anfahrten notwendig waren, die unter den damals bestehenden Verkehrsverhältnissen recht beschwerlich waren. Hahnemanns Ruf war ganz offensichtlich weit über die Grenzen Leipzigs hinausgedrungen, und zwar in einem positiven Sinne; denn wer hätte sonst mühsame Reisen auf sich genommen, wenn man nicht Hilfe von ihm erwarten durfte?

Eine im Anhang auf S. 159 wiedergegebene Karte vermittelt einen Überblick über das Einzugsgebiet von Hahnemanns Patienten, erstellt anhand der Notizen in den Journalen 12 – 14. Dabei wurden die Heimatorte von Studenten, die zur Zeit der Behandlung ganz offensichtlich in Leipzig weilten, nicht mit einbezogen.

5
Die Kasuistik Friedrich Wiecks
aus den Jahren 1815/16

5.1 Biographie Friedrich Wiecks

Friedrich Wieck wurde am 18. August 1785 in Pretsch bei Torgau geboren und wuchs gemeinsam mit vier Geschwistern unter denkbar ärmlichen Verhältnissen auf, da der Vater in seinem Beruf als Kaufmann wenig erfolgreich war. Eine schon in früher Jugend bei Wieck zu beobachtende Neigung zur Musik blieb weitgehend ungefördert, da Unterricht auf privater Ebene, wie ihn sich bessergestellte Familien leisten konnten, wegen der finanziellen Misere im Hause Wieck nicht möglich war. Der Aufnahme eines Musikstudiums in späteren Jahren stand der Widerstand der Eltern entgegen, die ihren Sohn lieber als Theologiestudenten gesehen hätten.

So begann er mit 13 Jahren zunächst auf der Thomasschule in Leipzig, die er aber wegen einer Erkrankung schon nach kurzer Zeit wieder verlassen mußte. Diese Krankheit zwang ihn, immerhin 1 ½ Jahre wieder im Elternhaus zuzubringen [13]. Um was es sich dabei gehandelt hat, läßt sich aus dem Journalinhalt nicht eindeutig klären. Möglicherweise war es eine Krätze, an der Wieck „vor 13 Jahren ... 1 ¼ Jahr lang" (S. 121) gelitten hat. Wenn man 13 Jahre zurückrechnet, kommt man zwar auf ein Alter von 17, dennoch gibt es zwei Faktoren, die für die Krätze sprechen: 1. Der Zeitraum von 1 ¼ Jahren kommt der von Meichsner erwähnten 1 ½ jährigen Zwangspause sehr nahe. 2. Die Krätze ist eine ansteckende Krankheit, weshalb der Erkrankte mit möglichst wenigen Menschen Kontakt haben sollte, so daß die Unterbrechung des Schulbesuchs bis zur Genesung einleuchten würde. Zudem ist es nicht unwahrscheinlich, daß sich Wieck bei der Anamneseerhebung um einige Jahre verrechnet hat. Denken wir doch ganz einfach an uns selbst: können wir uns beim Arztbesuch noch an das genaue Jahr erinnern, in dem wir in der Jugend eine Krankheit durch- oder eine Operation mitgemacht haben?

Im Jahre 1800 ging Wieck dann auf das Gymnasium in Torgau – wo übrigens Hahnemann von 1805 bis 1811 lebte –, anschließend 1804 auf die Universität zu Wittenberg; stets widmete er neben dem Theologiestudium der Musik größte Aufmerksamkeit. Nach Beendigung des Studiums hielt Wieck zwar eine Predigt in Dresden, doch zu einer festen Anstellung ist es nie gekommen. So war er, um seinen Lebensunterhalt in der nächsten Zeit mehr schlecht als recht zu sichern, gezwungen, mehrere Hauslehrerstellen an verschiedenen Orten anzunehmen. Allerdings wurde diese Tätigkeit durch eine neuerliche Krankheit unterbrochen, weshalb er sich nach Leipzig begab, um dort von Dr. Samuel Hahnemann behandelt zu werden. Die Therapie erstreckte sich zunächst von Januar bis Juli 1815, wegen einer zweiten Erkrankung befand sich Wieck von Dezember 1815 bis Januar 1816 erneut in Hahnemanns Behandlung. Um was es sich dabei im einzelnen handelte, werde ich später erörtern.

Während dieses längeren Aufenthaltes in Leipzig fand Wieck so viel Gefallen an der Stadt, daß er beschloß, auf Dauer dort zu bleiben. Und endlich ging es mit ihm bergauf. Hahnemann vermochte ihn zu heilen, und ein Freund lieh ihm 6000 Thaler, mit denen er eine Pianofortewerkstatt und eine Musikalienleihanstalt eröffnete. Daneben erteilte er Klavierunterricht nach einem eigenen System, und schon während der Behandlung bei Hahnemann veröffentlichte er ein *Carl Maria von Weber* gewidmetes Heft mit eigenen Kompositionen. Ohne Zweifel stellten diese Jahre in Leipzig für Friedrich Wieck die entscheidende Wende in seinem Leben dar, an der auch Samuel Hahnemann einen nicht unbedeutenden Anteil gehabt hat.

Im Jahre 1817 ging Wieck mit der Kantorstochter *Marianne Tromlitz* eine allerdings nicht sonderlich glückliche Ehe ein, die bereits 1824 wieder geschieden wurde. Aus dieser Ehe gingen drei Kinder hervor, neben zwei Söhnen als erstes Kind am 13. September 1819 die Tochter Clara. In der zweiten, weitaus glücklicheren Ehe, die Wieck 1828 mit der Pastorentochter *Clementine Fechner* schloß, wurden ihnen ein Sohn und zwei Töchter geboren.

Schon in frühen Jahren widmete Wieck sich der musikalischen Schulung seiner Töchter, die vor allem bei Clara auf äußerst fruchtbaren Boden fiel. Sie stieg zur bedeutendsten Pianistin ihrer Zeit

Abb. 1
Friedrich Wieck etwa im Alter von 30-35 Jahren.
Robert-Schumann-Haus Zwickau [14]

auf, und natürlich war fortan ihr Vater und Lehrer, Friedrich Wieck, ein bekannter und gesuchter Musikpädagoge. Es kam zu persönlichen Kontakten mit vielen Größen in der Welt der Musik jener Zeit, so mit *Ludwig van Beethoven, Carl Czerny, Felix Mendelssohn-Bartholdy, Carl Maria von Weber und Frédéric Chopin.*

Durch die 1840 geschlossene Ehe zwischen Clara Wieck und *Robert Schumann*, der im Rahmen der seit 1828 schon bestehenden Beziehungen zur Familie Wieck auch Unterricht bei Vater Friedrich genommen hatte, entstanden tiefe Risse in der Beziehung zwischen Clara und ihrem Vater, der entschieden gegen diese Ehe gewesen war.

Im gleichen Jahr verlegte Wieck seinen Wohnsitz nach Dresden, wo er weiterhin Schüler aus aller Welt unterrichtete und seine Aufmerksamkeit in vermehrtem Maße der Ausbildung der beiden jüngeren Töchter widmete, wobei Marie auch zu größeren Erfolgen gelangte.

Gesundheitlich soll es ihm im Alter, ganz im Gegensatz zur Jugend, gut ergangen sein. So schreibt *Joß* in seiner Biographie:

> „Ein Greis von 74 Jahren, erfreut er sich bis hieher der besten Gesundheit, und seine Thatkraft ist noch gleich der des kräftigsten Mannesalters." [15]

Im Jahre 1873 machte ihm jedoch eine „Geschwulst in der Seite" [16] zu schaffen, und 88jährig verstirbt er noch im gleichen Jahr und findet in Dresden seine letzte Ruhestätte.

5.2 Kommentierende Zusammenfassung der Kasuistik mit Versuch einer Diagnosestellung

In den folgenden Ausführungen fasse ich die im Anhang wörtlich wiedergegebene Kasuistik Friedrich Wiecks derart zusammen, daß sowohl ihre Charakteristik als auch ihr Verlauf deutlich wird. Dabei gehe ich auf die Therapie nur in groben Zügen ein, deren Erläuterung und Analyse eigene Kapitel in dieser Arbeit gewidmet sind. Abschließend versuche ich, eine klinische Diagnose zu stellen, worauf Hahnemann gemäß seiner Lehre grundsätzlich verzichtete.

Die erste Eintragung des Namens von Friedrich Wieck [17] mit Altersangabe (30) [18] und Herkunftsort findet sich unter dem Datum vom **16. Januar 1815** im Krankenjournal Nr. 12, Seite 287. Im Rahmen dieser Erstkonsultation berichtet Wieck zunächst von früheren Erkrankungen. Er hatte bereits seit dem 10. Lebensjahr starke Zahnschmerzen, aufgrund derer es zu einer Zahnextraktion kam. Um welchen Zahn es sich dabei handelte, wird nicht erwähnt. Nicht näher beschriebene rezidivierende Nasengeschwüre haben Wieck in späteren Jahren zu schaffen gemacht, wahrscheinlich um das 24. Lebensjahr herum [19]. In dieser Zeit erkrankte er an Wechselfieber („kalt Fieber"; S. 110). Ob es sich dabei um eine Malaria gehandelt hat, ist nicht sicher zu sagen, da der Begriff des Wechselfiebers damals sehr weit gefaßt wurde. Es erfolgte die übliche Therapie mit Chinarinde, die aber ein Rezidiv nicht verhindern konnte. Wohl im Jahre 1811 [20] traten dann bei Wieck erstmalig Gesichtsschmerzen auf, die sich über ein Vierteljahr hinzogen. Eine intensive Therapie nach allopathischen Prinzipien verlief erfolglos. Zudem entwickelte sich noch eine Nervenschwäche mit Mißempfindungen beim Anfassen eiserner Gegenstände und auch beim Gehen, so daß er bereits einen großen Widerwillen dagegen empfand, überhaupt die Füße auf die Erde setzen zu müssen. Sowohl die Nervenschwäche als auch die Gesichtsschmerzen blieben Wieck in der Folgezeit erhalten und führten ihn schließlich zu Hahnemann.

Die zum Zeitpunkt der Erstkonsultation geklagten Beschwerden bestehen in anfallsweisen Zahnschmerzen, in deren Verlauf die submandibulären Lymphknoten spürbar anschwellen. Nachts tritt regelmäßig Fieber auf. Der Gesundheitszustand ist nach Wiecks Angaben abhängig von der Mondphase. Seine Träume sind äußerst unangenehm. Am Vortag des 16. Januar hat Wieck sich dermaßen schlecht gefühlt, daß er glaubte, sterben zu müssen. Trost- und Hoffnungslosigkeit prägen seine seelische Verfassung.

17./18./19. Januar: Bereits am nächsten Tag wird das Gespräch fortgesetzt. Wieck berichtet von einer neuerlichen Zahnschmerzattacke am vorigen Abend, der ein Anfall von Weinen folgte. Eine im Bereich des rechtsseitigen Zahnfleisches auftretende Geschwulst wird lediglich beiläufig erwähnt und ist im Sinne einer Schwellung zu verstehen. Wieck klagt zudem über starken nächtlichen Flatus und über im Sommer aufgetretene gichtähnliche Schmerzen „in der großen Zehe" (S. 112). Er verläßt die Praxis höchstwahrscheinlich an allen drei Tagen wie schon am 16. Januar ohne Verordnung (s. S. 48 ff.).

20./21./22./24. Januar: Eine in den letzten drei Tagen bei Wieck zu beobachtende Besserung seines Gesundheitszustandes läßt an den Beginn der homöopathischen Therapie denken, zumal sich Hahnemann am 20. Januar ein Arzneimittel im Journal notiert hat, allerdings spricht die Art der Aufzeichnung nur für die Überlegung, dieses Mittel zu geben, nicht dafür, daß er es auch tatsächlich gegeben hat. Es kann sich also auch um eine spontane Remission gehandelt haben. Eine genaue Klärung des Sachverhaltes ist nicht möglich.

26. Januar: Wieck erwähnt, daß er in seiner Jugend Krätze gehabt hat und auch jetzt noch gelegentlich Hauterscheinungen in dieser Art hat. – Auf diesen Tag läßt sich die erste eindeutige Arzneimittelgabe terminieren.

27./28./29./31. Januar: Diese Tage bringen keine entscheidende Befundverbesserung. Hahnemann entschließt sich zu einer neuen Therapie, nämlich Wieck an einer Arznei riechen zu lassen.

1. Februar: Es geht ihm insgesamt etwas besser, die Schwere der Anfälle hat nachgelassen. – Die schon am 26.Januar erwähnte Krätzeerkrankung wird noch spezifiziert, und zwar habe er diese vor 13 Jahren gehabt.Seitdem zeigen sich immer wieder Effloreszenzen, und zwar an der rechten Hüfte und an den Schenkeln. Während der Zahnschmerzen ist der Ausschlag geringer.

3./4./5./6. Februar: Während sich zunächst eine spürbare Besserung zeigt, geht es am 6.Februar wieder etwas schlechter. Er hat eine unruhige Nacht mit viel Schmerzen hinter sich, auch am Tage hat er wieder Anfälle, die schon im voraus zu spüren sind und durch Essen in ihrer Heftigkeit gelindert werden können. Hahnemann läßt wieder an einem Mittel riechen.

7. (?) Februar [21]: Hahnemann bringt erstmals den Mesmerismus zur Anwendung, nachdem ihm Wieck wieder überwiegend Negatives berichtet hat.

8. Februar: Wieck beschreibt seine Krankheit als „ganz anders" (S. 123). Die Symptomatik ist jetzt gekennzeichnet durch einen dumpfen Schmerz im rechten Kiefer, verbunden mit Übelkeit und Appetitlosigkeit (diese Beschwerden habe er auch schon im letzten Sommer gehabt). Außerdem hat er im rechten Kiefer ein lähmungsartiges Gefühl und ist nach dem Essen sehr erschöpft. Hahnemann läßt an einer Arznei riechen. *Nux-v.*

9. Februar: Wieck hat eine sehr schlechte Nacht hinter sich. Die Zahnfleischgeschwulst hat starke Beschwerden gemacht, und er „fiel 100 Mal auf die Erde um sich zu betäuben" (S. 124). Der Stuhlgang ist schlecht und mit Abdominalbeschwerden verbunden. Die submandibulären Lymphknoten sind druckdolent.

11./12. Februar: Am 11. Februar hat Wieck im Verlauf des frühen Nachmittags einen so unerträglich schlimmen Anfall, daß er wieder einmal das Gefühl hat, er müsse sterben. Nach einer oralen Arzneimittelgabe geht es einige Stunden besser, doch bringt die Nacht zum 12. Februar wieder eine massive Verschlechterung. So hat er in den submandibulären Lymphknoten eine äußerst unangenehme Schmerzempfindung. Im Bett hält es ihn nicht mehr, er „mußte auf der Diele liegen" (S. 125). *Verat. a*

14. Februar: Trotz Verabreichung eines neuen Mittels bei der letzten Konsultation geht es Wieck weiterhin schlecht. In der Nacht hat er zwei Stunden geweint und konnte aus Angst vor neuen Schmerzattacken nicht schlafen. Schmerzen plagen ihn im Kopf, in den submandibulären Lymphknoten, unter der Zunge, im Rücken, im Ohrknorpel und in den Backenmuskeln. Das nach dem Gespräch durchgeführte Mesmerieren provozierte heftiges Weinen. *Chin. off*

15. Februar: Keine wesentlichen Veränderungen. Erneutes Mesmerieren.

16. Februar: Allgemeine Besserung, sowohl im Hinblick auf die Schmerzen als auch auf den Gemütszustand. Es wird wieder mesmeriert.

17./19./20./21./22. (?) Februar: Stabilisierung des Zustandes bei weiterer Anwendung des Mesmerismus.

24./25./26./28. Februar: Wiecks Befinden bleibt gebessert. Die Schmerzanfälle und die Nervenschwäche haben deutlich abgenommen. Zusätzlich zum Mesmerieren wird auch wieder an einer Arznei gerochen.   *Rhus-t.*

1./2./3./4./6./7./9. (?)/10./13./20. März: In diesem Zeitraum, der zwischen dem 13. und 20. März die erste größere Pause zwischen zwei Konsultationen bringt, geht es Wieck deutlich besser. Er hat wieder arbeiten können, ohne dabei eine Anstrengung zu empfinden. In der Therapie dominiert weiterhin der Mesmerismus.

21./22./24. März: Die Nervenschwäche macht sich wieder stärker bemerkbar und ist teilweise so stark, daß er die Geräusche von Messer und Gabel nicht ertragen kann. Es plagen ihn nun auch Zuckungen an Armen, Beinen und am Unterleib, so daß er nicht still liegen kann. Hahnemann läßt an einer Arznei riechen.   *Rhus-t.*

25./27. März: Das Befinden ist wieder deutlich schlechter. So hat er nachts „wie in einer Art von Wahnsinn gelegen... wußte nichts von sich – wie in einem Zustand von Auflösung" (S. 136). Auch der Mesmerismus hatte keine Wirkung mehr.

8./10. April: Angesichts der schlechten Verfassung, in der Wieck sich zuletzt befand, erstaunt der fast zweiwöchige Zwischenraum zur letzten Konsultation, in dem der Magnetismus in die Therapie eingeführt worden zu sein scheint. Über den Grund für die Pause gibt das Journal keinen Aufschluß. Wieck geht es weiter schlecht. Er hat unangenehme Träume, ist voll fixer Ideen, leidet an Muskelzuckungen und Nervenschwäche. Das Riechen an einer Arznei bringt keine Besserung.   *Oleum martis*

16./18. April: Trotz Wiederaufnahme des Mesmerismus und erneutem Arzneiriechen ergeben sich keine grundsätzlichen Änderungen.   *Rhus-t.*

24. April: Klagen über Zahnschmerzen, Nervenschwäche, gleichgültige Gemütsverfassung, die Unfähigkeit zu komponieren und Klavier zu spielen sowie Muskelzuckungen kennzeichnen das heutige Gespräch. Die Magnetismustherapie bringt eine gewisse Linderung.

25./26. (?)/28. April: Es macht sich wieder ein Aufwärtstrend bemerkbar. Die Nervenschwäche ist weniger ausgeprägt, die schlagende Empfindung im Körper läßt nach, die Nächte sind ruhiger.

2. Mai: In den vergangenen Tagen erging es ihm ganz gut. Nun beklagt er wieder Zahnschmerzen, Spannen im Gesicht, Rucken am ganzen Körper und Schlaflosigkeit wegen Gedankenflut. Hahnemann entscheidet sich für das Mesmerieren.

6./8. Mai: In den vergangenen Tagen wurde mindestens zweimal magnetisiert. Das Befinden war aber wieder deutlich schlechter. Das Spannen im Gesicht, das Zucken und Rucken am ganzen Körper und allgemeine Schwäche überfielen ihn wieder in alter Stärke. Nachts plagten ihn fürchterliche Träume, die Nervenschwäche trat in Form von Eisenscheu wieder hervor, auch am Magen fühlte er sich krank. *Coffea cruda*

2./12. Juni: Seit der letzten Konsultation hat sich eine entscheidende Besserung eingestellt. Hahnemann notiert sich „statt aller sonstigen Uebel" (S. 142) nur einige weniger gravierende Beschwerden.

21. Juli: Die lange Konsultationspause weist auf eine dauerhafte Stabilisierung des Gesundheitszustandes hin, wenngleich Wieck an diesem Tag wieder von einigen Beschwerden zu berichten weiß. Der geschilderte Schnupfen und Husten sprechen aber mehr für einen kurzfristigen Infekt, in dessen Gefolge sich auch alte Beschwerden, wie unruhiger Schlaf, die Nervenschwäche oder das Zucken am Körper in geringem Ausmaß wieder bemerkbar machen. In den nächsten Monaten scheint es Wieck gut ergangen zu sein, denn erst im Dezember findet wieder eine Konsultation statt.

14. Dezember: Friedrich Wieck sucht die Praxis mit einer völlig neuen Symptomatik auf. Er hat ein gelbes Hautkolorit, klagt über Übelkeit, Erbrechen, Schleimauswurf, eine intensive Rotfärbung des Urins, Fieber, Abdominalbeschwerden und über ausgesprochen unangenehme Träume. Hahnemann entscheidet sich für eine orale Arzneigabe. *Scilla maritima*

16. Dezember: Es läßt sich keine entscheidende Veränderung beobachten. Hahnemann verabreicht ein neues Mittel. *Rhus-t.*

18. Dezember: Der Zustand hat sich noch verschlimmert. Die Gelbsucht ist stärker geworden, und die alte Nervenschwäche ist wieder hervorgetreten. *Warte*

21. Dezember: Ein in der Zwischenzeit durchgeführtes Mesmerieren brachte zunächst eine Besserung, doch schon bald stellte sich der alte Zustand wieder ein. Hahnemann gibt wieder eine Arznei. *Ars.*

32

22. (?)/23./24. Dezember: Kaum Veränderung. Am 22. etwas weniger gelb. Der Urin ist morgens dunkel, der Stuhl ist grau und weiß. Wein bringt anfängliche Besserung, später aber offenbar eher eine Verschlimmerung. Wieck erhält ein neues Mittel. *Hep - s*

25./26./27./28./29. Dezember: Im Verlauf dieser Tage ist insgesamt ein Aufwärtstrend festzustellen. Es wird mehrfach mesmeriert, und zwei verschiedene Arzneien werden von Wieck eingenommen. *26.: Nux-v ; 28.: Chin off.*

30./31. Dezember: Das gelbe Hautkolorit ist ganz verschwunden. Allerdings muß er noch erbrechen, und er hat einen allgemein bitteren Geschmack. Hahnemann verordnet wieder ein neues Mittel. *Puls*

1./2./3. Januar 1816: Weitere Fortschritte. Der Appetit ist gut, er raucht wieder Pfeife. Neuerliche Arzneigabe. *sulph*

4./7./10. Januar: In diesen Tagen stellen sich einige Beschwerden aus früherer Zeit wieder ein. So neigt Wieck zu fixen Ideen, empfindet im Gesicht und in den Zähnen Unruhe und Spannen, das Zahnfleisch schwillt an, er hat unangenehme Träume von Tod und Hinrichtung. Außerdem plagt ihn ein Jücken mit Bläschenbildung am Unterleib. Er erhält in diesen Tagen sowohl eine Arznei zum Riechen als auch zum Einnehmen. *Rhus-t (Riechen); Tart. emet. 3 Tage später*

11./13./15. Januar: Die letzten Aufzeichnungen, die bezüglich Friedrich Wieck im Krankenjournal zu finden sind, zeigen uns zwar noch keinen ganz gesunden Patienten, doch sind die Beschwerden im wesentlichen abgeklungen. Probleme hat er noch mit den Träumen, die den Schlaf oft recht unruhig gestalten, auch macht sich nochmals eine gewisse Gelbfärbung bemerkbar, und im Anschluß an ein Mesmerieren treten wieder Zahnschmerzen auf.

Damit ist, soweit uns die Krankenjournale hierüber Auskunft geben können, die Behandlung von Friedrich Wieck bei Samuel Hahnemann abgeschlossen.

Wie oben schon von mir angedeutet, wandte Hahnemann sich entschieden gegen die Zusammenfassung und Systematisierung der Patientensymptome in Form einer Diagnose. Er war vielmehr der Ansicht, daß es so viele verschiedene Krankheiten wie verschiedene Menschen gibt, und man diese nicht in ein Schema hineinpressen, mit Namen, z.B. Diabetes, Tetanus oder Gesichtsschmerz versehen, und dementsprechend behandeln könne, sondern jede der unterschiedlichen Symptomatiken individuell erfaßt werden müßte. Dabei lehnt es Hahnemann auch ab, nach möglichen Veränderungen im Innern des Körpers als Ursache der Krankheit und Ansatzpunkt der Therapie zu suchen. Für ihn bilden die vom Patienten geklagten und die vom Arzt beobachteten Symptome, d.h. die krankhaften Phänomene, die Gestalt einer Krankheit (§ 8, Org I), was er auch in § 10 nochmals betont:

„Blos der Komplex aller Symptomen einer Krankheit repräsentirt diese Krankheit in ihrem ganzen Umfange." [22]

Diese Gesamtheit der Symptome ist der einzige Ansatzpunkt der Therapie:

„Da an Krankheiten sonst nichts wahrnehmbar ist, als diese; so müssen es auch einzig diese Symptomen seyn, durch welche die Krankheit Beziehung zur erforderlichen Arznei hat... so muß dieser Symptomenkomplex, **dieses nach aussen reflektirte Bild des innern Wesens der Krankheit** das einzige seyn, wodurch es – von Seiten der Krankheit – möglich ward, ein Heilmittel für sie aufzufinden, das einzige, was die Wahl des angemessensten Heilmittels bestimmen kann." [23]

Allenfalls zur Verständigung der Ärzte untereinander könne man Krankheitsnamen gebrauchen, müsse dann aber von einer Art von Diabetes oder einer Art von Tetanus sprechen. An zwei Stellen erwähnt Hahnemann in seinem Organon Krankheitsnamen, die auf den Fall von Friedrich Wieck gut passen, und zwar auf die Bezeichnungen Gesichtsschmerz und Gelbsucht:

„Arten von Gesichtsschmerz könne man diese mancherley Krankheitszustände allenfalls wohl nennen, nur nicht schlechthin Gesichtsschmerz, da es durchaus nicht immer eine und dieselbe Krankheit ist. So ist es mit den übrigen genannten und andern Krankheitsnamen solcher Art." [24] – „Mit welchem Rechte könnte man die vielen höchst verschiednen Krankheiten, die in ihren übrigen Symptomen keine Verwandschaft, und nur in dem einzigen Zufalle, der

Haut-Gilbe, einige Aehnlichkeit mit einander haben, welche sich auf eine Störung der Galleabsonderung gründet, die wiederum höchst verschieden ist – mit dem, Identität voraussetzenden Namen, Gelbsucht belegen?" [25]

Mit der letzten Äußerung wird sich heute jeder Arzt identifizieren können, da wir mittlerweile wissen, daß die Gelbsucht nur ein Symptom und keine eigenständige Krankheit ist.

Eine scheinbare Inkonsequenz hat Hahnemann sich in seinen Journalaufzeichnungen über Wieck erlaubt, indem er dreimal den Namen „Gelbsucht" notiert (S. 145/147/150). Aber es scheint eben nur so, denn er gebraucht die Bezeichnung dabei nicht im Sinne einer Diagnose als Grundlage seiner Mittelwahl, sondern als Symptombeschreibung.

Worauf Hahnemann also verzichtete, will ich versuchen, nämlich eine Diagnose im Sinne der naturwissenschaftlichen Medizin für die Erkrankung von Friedrich Wieck zu stellen. Dabei ist zunächst zu beachten, daß es sich nicht um eine durchgehende, sondern um zwei verschiedene Erkrankungen handelt. Wegen der ersten Krankheit befindet sich Wieck vom 16. Januar bis 21. Juli 1815 in Hahnemanns Behandlung. Aufgrund der komplexen Symptomatik ist es schwierig, eine eindeutige Diagnose zu stellen. Die anfallsartigen Schmerzen auf beiden Seiten des Gesichts verbunden mit Zahnschmerzen, die rezidivierende Schwellung des Zahnfleisches sowie die druckdolente Vergrößerung der submandibulären Lymphknoten sprechen für eine beidseitige symptomatische Trigeminusneuralgie als Folge entzündlicher Vorgänge im Bereich der Zähne. Die übrigen Beschwerden, wie die Überempfindlichkeit z.B. gegen die Berührung von Eisen, die Schlafstörungen, die Magen- Darmsymptomatik usw. sind im Sinne eines reaktiven vegetativen Psychosyndroms aufzufassen, das sich auf der Basis einer immer schon vorhandenen Kränklichkeit durch die quälende Trigeminusneuralgie, die manch anderen Patienten schon suizidal werden ließ, entwickelte.

Demgegenüber ist die Diagnose der zweiten Erkrankung Wiecks, die Hahnemann vom 14. Dezember 1815 bis zum 15. Januar 1816 behandelte, leichter zu stellen. Es lag eine akute Hepatitis vor, die sich allerdings nicht eindeutig in ein präikterisches Prodromalstadium und eine ikterische Phase aufteilen läßt, da der Ikterus schon zum Zeitpunkt der ersten Konsultation vorlag. Dennoch scheint sich Wieck zunächst noch im Prodromalstadium mit den typischen Symptomen Appetitlosigkeit, Abgeschlagenheit, Übelkeit, Brechreiz, Abdominalschmerz, Abneigung gegen Alkohol und Fieber befunden zu haben. Nach einigen Tagen findet sich eine Dunkelfärbung des Urins, eine Entfärbung des Stuhls und eine Intensivierung der Gelbsucht als Zeichen der ikterischen Phase.

Es handelt sich also nicht, wie bisher angenommen wurde, nur um einen Gesichtsschmerz, zu dessen Behandlung Wieck Hahnemann aufgesucht hat, sondern um zwei völlig verschiedene Erkrankungen, die zu getrennten Zeitpunkten auftraten.

5.3 Analyse

5.3.1 Hahnemanns Methodik der Anamnese und Befunderhebung

In diesem Kapitel stelle ich dar, wie Hahnemann bei der Erhebung der Anamnese und des Befundes von Friedrich Wieck vorgegangen ist, und damit verbunden versuche ich aufzuzeigen, inwieweit er sich dabei an seine eigenen im Organon dargelegten Forderungen gehalten hat. Zu diesem Zweck beziehe ich mich vorrangig auf die Paragraphen der 1810 erschienenen 1. Organonausgabe und nur dann auf die 1819 aufgelegte 2. Ausgabe, die Hahnemann in eben diesen Leipziger Jahren vorbereitete, sofern sich dort abweichende oder neue Inhalte finden. Demnach stammen die im folgenden angeführten Paragraphen aus dem 1. Organon, soweit nichts anderes vermerkt ist.

Ausgangspunkt für die Art seiner Befunderhebung war das Ziel, eine möglichst exakte Darstellung der Symptomatik vom Patienten zu gewinnen. Welchen hohen Stellenwert Hahnemann diesem Vorgang beigemessen hat, mag ein Auszug des § 82 verdeutlichen:

„Ist nun der Inbegriff der Symptomen, das Bild der Krankheit irgend einer Art einmahl genau aufgezeichnet, so ist auch die schwerste Arbeit geschehen. Der Heilkünstler hat es dann auf immer vor sich liegen; er kann es festhalten in

36

allen seinen Theilen, um ein treffendes Gegenstück dazu, eine dem gegenwärtigen Uebel treffend ähnliche, künstliche Gegenkrankheitspotenz aus den Symptomenreihen aller ihm bekannten Arzneien darnach aussuchen zu können." [26]

Es genügte ihm also nicht, die grobe Struktur der Krankheit kennenzulernen, sondern es ging ihm ganz besonders auch um die von seinen Berufskollegen so oft vernachlässigten sogenannten Kleinigkeiten. Die Befunderhebung war für Hahnemann demnach eine, wie er es in § 62 ausdrückt, „individualisierende Untersuchung" [27].

Auf die große Bedeutung der vermeintlichen Kleinigkeiten kommt er im § 74 nochmals zu sprechen. Gerade sie, die beim Patienten oft kaum Beachtung finden und als vom Hauptübel getrennt betrachtet werden, seien in der Anamnese, vorzüglich bei chronisch Kranken, zu erfragen, da alle Symptome zusammen **eine** Krankheit bilden und gerade die sonderlichen, scheinbar nebensächlichen Symptome für die Mittelwahl entscheidend sein können.

In jedem Fall sollte der Arzt mit Skepsis, möglichst viel Menschenkenntnis und Geduld seine Befragungen durchführen, um ein wirklich exaktes Bild der Krankheit zu gewinnen, da manche Patienten zur Übertreibung, andere wieder zur Untertreibung neigen (§§ 75, 76, 77).

Dieser ersten Forderung hinsichtlich der Anamnesemethodik ist Hahnemann bei Friedrich Wieck in exemplarischer Weise nachgekommen. Er hat eine derart genaue Krankenbefragung durchgeführt und die Ergebnisse auch entsprechend notiert, daß wir uns heute noch ein sehr exaktes Bild von der Erkrankung Wiecks sowie ihrem Verlauf machen können. Hahnemann beginnt mit der Eruierung früherer Krankheiten und ihrer Therapie und geht dann zu den gegenwärtigen Beschwerden über. Als Beispiel für die Genauigkeit, mit der er die Symptome zu beschreiben pflegt, einige repräsentative Journalauszüge:

„weniger Nervenschwäche wenn er Jücken hat, ein brennendes Jücken, beissend und fressend" (S. 119)

„... ganz hinten ein kleiner Punkt stechen, so daß er die
Theile beständig berühren muß, aber wenn er kein Schmerz
drin hat darf ers nicht berühren so reißt bis in den Kopf
Schulter und Magen" (S. 126)
„diese Nacht noch schlechter geschlafen, 20, 30 Mal aufgewacht, wird aber nicht ganz munter
wühlt das Bett umher und schläft immer wieder ein" (S. 131)
„Suppe schmeckt ganz bitter (aber Fleisch und Kohlrabi
schmeckt ihm" (S. 150)

Sehr interessiert zeigt sich Hahnemann auch an der präzisen
Feststellung der zeitlichen Modalitäten der Symptome:

„erst von 1 ½ bis 2 ½ Uhr wars wechselweise schlimm
schlief dann von 2 ½ Uhr – 7 Uhr ziemlich ruhig" (S. 113)
„heute um 10 ½ 3 und 4 ½ Uhr in der rechten Backe
doch hilft Essen" (S. 122)
„diesen Nachmittag von 12 – 2 Uhr liegend sehr unruhig"
(S. 135)
„Nacht um 12 Uhr Stuhl
und um 7 Uhr früh und um 11 Uhr Stuhl, leztrer grün"
(S. 150)

Daneben finden wir in Hahnemanns Notizen eine große Menge
von Einzelheiten niedergeschrieben, die bei seinen allopathischen
Kollegen sicher keine besondere Beachtung gefunden hätten und
schon gar nicht notiert worden wären. Dafür wieder einige Beispiele:

„... laß er etwas bis 3 Uhr dann auf dem Stuhl eingeschlafen" (S. 116)
„vor dem großen Schmerz wird die Nase ganz kalt" (S. 120)
„hatte sich heute etwas zu kalt angezogen" (S. 134)
„bekam einen heftigen Appetit zu einem Apfel und aß"
(S. 148)

Gemäß § 63 fußt die Befunderhebung auf drei Säulen:
1. Bericht des Patienten
2. Bericht der Angehörigen
3. Beobachtungen des Arztes

Alle geschilderten Symptome sind mit denselben vom Patienten oder den Angehörigen gebrauchten Ausdrücken niederzuschreiben. Der Arzt sollte nach Möglichkeit den Berichtenden nicht unterbrechen, damit der Gedankenfluß nicht gestört wird, da ansonsten Details verloren gehen könnten.

In den Journal-Aufzeichnungen findet sich kein eindeutiger Hinweis darauf, daß Angehörige Wiecks bei einer Konsultation zugegen gewesen wären, um über ihre Beobachtungen zu berichten. Ausschließen läßt es sich allerdings auch nicht, da einerseits am 26.Dezember 1815 Wiecks Schwester im Anschluß an ihren Bruder bei Hahnemann vorspricht und somit durchaus die Wahrscheinlichkeit besteht, daß sie von Hahnemann über ihre Beobachtungen hinsichtlich der Erkrankung ihres Bruders befragt wurde, andererseits zwei Symptome in den Aufzeichnungen die Möglichkeit in sich bergen, daß sie von einem Dritten berichtet wurden:

„lebhafte Träume in denen er viel gesprochen hat" (S. 149)
„... aber eine Stunde im Traum geweint diese Nacht."
(S. 153)

Man kann beide Symptome entweder so verstehen, daß er davon geträumt hat, viel zu sprechen oder zu weinen, oder, daß er während des Traumes de facto gesprochen bzw. geweint hat, was von einem/einer Beobachter(in) wahrgenommen wurde. Für Letzteres spricht im zweiten Symptom die exakte zeitliche Festlegung, die von einem Träumenden wohl kaum vorgenommen werden könnte. Daraus zu schließen, daß Wieck Anfang 1816 nicht mehr allein lebte, oder zumindest zeitweise eine(n) Zimmergenossen/in hatte, ist aufgrund dieser einen Angabe allerdings voreilig. Zusammenfassend läßt sich sagen, daß eine schlüssige Beweisführung, ob Hahnemann, wie im Organon von ihm gewünscht, auch auf die Befragung Dritter zur vollständigen Erfassung der Krankheit zurückgreifen konnte, nicht möglich ist.

Dies gilt auch für die Frage, ob Hahnemann die Symptome originalgetreu, wie sie von Wieck geschildert wurden, niedergeschrieben hat, da dies nur ein Zeuge der Gespräche tun könnte.

Gemäß § 64 sind die Symptome nicht in einem durchgehenden Text aufzuschreiben, sondern untereinander aufzulisten, so daß, wenn der Patient und die Angehörigen ihren Bericht beendet haben, der Arzt zu den einzelnen Punkten noch nachfragen, und, sofern sich ergänzende Fakten ergeben, diese hinter das entsprechende Symptom schreiben kann. Dies stellte sich Hahnemann laut § 65 so vor, daß dem Patienten die Notizen noch einmal vorgelesen und genaue Fragen zu deren Umständen gestellt werden, z.B. wann die Beschwerden auftreten, tags oder nachts, vor der Einnahme der verordneten Arznei oder hinterher oder gar während der Mittelnahme? Welche Qualität hat der Schmerz, welche genaue Lokalisation hat er? Dabei allerdings, so betont er im § 66, sind unbedingt Suggestivfragen zu vermeiden.

Anschließend sollte der Arzt auf solche Dinge zu sprechen kommen, die vom Patienten bislang gar nicht erwähnt wurden (§ 67). Dabei ist besonders an Stuhlgang, Urin, Schlaf, Gemütsverfassung, Durst, Geschmack im Mund, Vorlieben und Abneigungen gegenüber Speisen und Getränken zu achten, wobei der Kranke zunächst nur auf diese Bereiche hinzuweisen ist, damit er von sich aus erzählt, Nachfragen erfolgt wieder erst in zweiter Linie.

Die Auflistung der Symptome läßt sich im Original noch wesentlich besser als in der Transkription erkennen, wie die Abdrucke der nächsten Seiten zeigen. Daß Hahnemann die Symptome später durch ergänzende Fragen vervollständigt hat, läßt sich an zahlreichen Stellen im Journal nachvollziehen, nämlich überall dort, wo der für diese Nachträge freigelassene Platz nicht ausreichte und er seine Notizen „hineinzwängen" mußte. Dies läßt sich in der Transkription freilich nicht mehr erkennen. Die beiden umseitig wiedergegebenen Journalseiten mögen zur Illustration genügen.

Die Beantwortung der Frage, ob Hahnemann auch die Forderung des § 67 erfüllt hat, ist aus der Betrachtung des geschriebenen Wortes natürlich nicht ganz einfach. Bei der Bearbeitung des Textes fällt aber auf, daß sich einige Themen immer wieder am Schluß der Aufzeichnungen finden, nämlich der Stuhlgang, die Gemütsverfassung, Beschwerden im Zusammenhang mit Essen oder Trinken oder abgeklungene Symptome. Gerade bei Letzteren, die von den Patienten verständlicherweise in ihrem Bericht leicht übergangen werden, da ihnen die gegenwärtigen Probleme mehr im Sinn sind, kann man sich sehr gut vorstellen, daß sie von Hahnemann erfragt wurden. Für die genannten vier Bereiche jeweils einige Beispiele (S. 43):

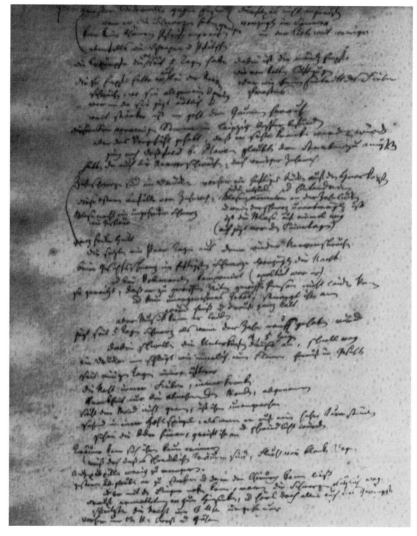

Abb. 2:
Seite 288 aus dem Journal Nr. 12. IGM

41

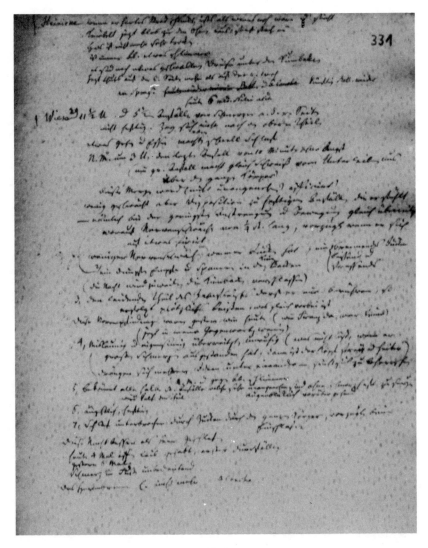

Abb. 3:
Seite 331 aus dem Journal Nr. 12. IGM

42

Stuhlgang:

> „heute 4 Mal offenen Leib gehabt, erster durchfällig
> gestern 6 Mal." (S. 119)
> „offener Leib 3 Mal bald hintereinander, dann nicht
> wieder" (S. 119)
> „muß sich plagen mit dem offenen Leibe
> vorgestern 3 Mal, gestern 2 Mal
> heute wohl 4 Mal zum Stuhle geneigt und geht
> nur sehr wenig dünnes
> doch ist früh der erste Stuhl ordentlich" (S. 130)
> „heute nur bis zu Stuhle" (S. 140)

Gemütsverfassung:

> „Trostlosigkeit, und Hoffnungslosigkeit" (S. 112)
> „den ganzen Nachmittag heiter, ausser der Furcht vor
> kommenden Schmerzen
> und thätig ohne überspannt zu seyn" (S. 118)
> „Lust zur Musik gehabt" (S. 127)
> „den ganzen Tag so unruhig gewesen" (S. 132)

Essen und Trinken betreffend:

> „darf kein Wein trinken" (S. 112)
> „Essen schmeckt nur halb" (S. 121)
> „hat geschmeckt, und hat gegessen mit Appetit"
> (S. 132)
> „ekelt ihn Wasser, Wein und Bier an" (S. 149)

Abgeklungene Beschwerden:

> „heute wenig gereitzt, und kräftig" (S. 116)
> „Schmerz im Fuß unbedeutend
> das Hereinbrennen links nicht mehr" (S. 119)
> „heute afficirt ihn das unangenehmste nicht." (S. 123)
> „kein Rückenschmerz" (S. 148)

Dies sind nur wenige Zitate aus der Fülle von Beispielen, die den Leser des Journals fast schon im Geiste miterleben lassen, wie Hahnemann zum Schluß der Berichterstattung durch Wieck immer noch zu bestimmten Sachverhalten Fragen gestellt hat.

Daran anschließend wird das niedergeschrieben, was der Arzt am Kranken wahrnimmt (§ 69). Dazu gehören laut Organon nicht nur die Ergebnisse der Untersuchung, z.B. wie die Zunge, der Atem, das Gehör, der Puls, der Unterleib oder die Pupillenreaktion beschaffen ist, sondern auch, was an dem Patienten im Verlauf der Konsultation beobachtet werden konnte, ob er einen verdrießlichen, zänkischen, hastigen, ängstlichen oder verzweifelten Eindruck hinterließ oder ob das Gegenteil der Fall war, ob er laut oder leise sprach, wie die Farbe des Gesichts war.

In diesem Punkt weicht Hahnemann mit seinem Vorgehen bei Wieck von seinen Forderungen ab. Seine Beobachtungen und Untersuchungsergebnisse finden sich fast nie am Ende der Aufzeichnungen. Ich habe vielmehr den Eindruck gewonnen, daß er derartige Notizen des öfteren unmittelbar an den Bericht Wiecks oder auch zu Beginn der Unterhaltung niedergeschrieben hat, bevor er dann zu dem genaueren Nachfragen einzelner Sachverhalte überging. Eine derartige Aufteilung findet sich beispielsweise bei den folgenden Symptomen:

„Pupillen erweitern sich im Dunkeln ungemein, ziehen
    sich aber schnell beim Licht zusammen" (S. 133)
„ist doch gesprächiger heute, und weniger gelb"
(S. 146)
„die Augen sehr gelb und das Gesicht | Beugen wenig-
stens gelber gelbe Nägel und hohle Hand" (S. 146)
„Gemüth heiter, viel gesprochen" (S. 148)

Sehr wenig Aufschluß ist aus den Journalaufzeichnungen hinsichtlich der körperlichen Untersuchung zu gewinnen. Neben den eben schon zitierten Ergebnissen der Prüfung der Pupillenreaktion deuten auch diese Äußerungen auf eine Untersuchung hin:

„die Drüsen unter dem Kiefer Thun tactu weh" (S. 124)
„Zahnfleisch empfindlich wie Wunde tactu" (S. 138)
„heute mehr Drücken im Magen, auch bei Berührung
    schmerzhaft..." (S. 149)
„in scrob. tactu besser" (S. 151)

Es kann sich hierbei natürlich auch um Selbstbeobachtungen Wiecks gehandelt haben. Dann allerdings hätte Hahnemann, soweit dies aus den Journalen eruierbar ist, nicht mehr als die Pupillenreaktion geprüft. Aus den Transkriptionen der Journale 2-5 wis-

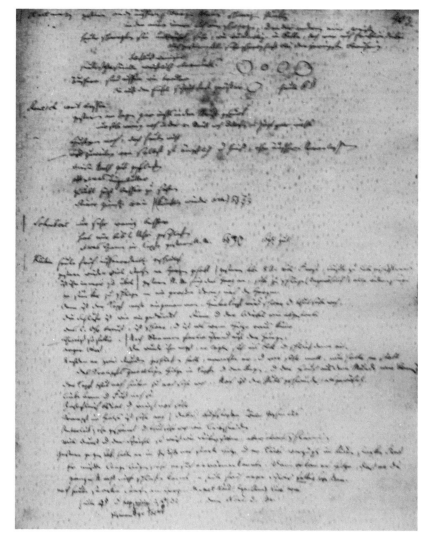

Abb. 4:
Seite 403 aus dem Journal Nr. 15. IGM

45

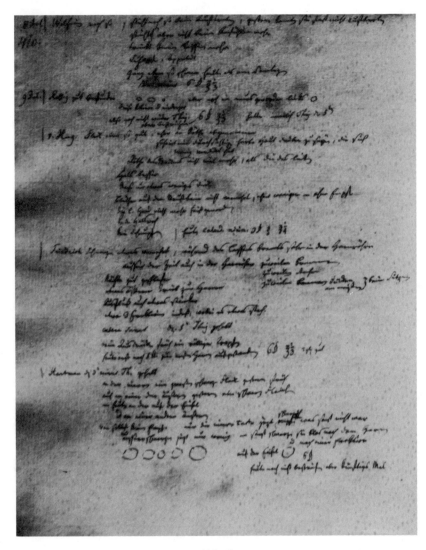

Abb. 5:
Seite 410 aus dem Journal Nr. 15. IGM

sen wir jedoch, daß Hahnemann schon in früheren Jahren die Beschaffenheit des Pulses oder der Zunge untersuchte, und in den von mir bearbeiteten Journalen finden sich sogar Zeichnungen einiger Hautbefunde, wie die vorhergehenden beiden Seiten zeigen. Es ist vielmehr bei der zusammenfassenden Betrachtung dieser Fakten anzunehmen, daß Hahnemann lediglich die auffälligen Ergebnisse der Untersuchung festhielt, was bei der Ausführlichkeit der übrigen Aufzeichnungen zunächst verwundert. Aber er interessierte sich eben nur für die Krankheitssymptome, mittels derer er das Arzneimittel zu bestimmen suchte. Und dabei spielten Befunde, die von Anfang an normal waren, keine Rolle, im Gegensatz zu solchen, welche sich im Laufe der Behandlung normalisierten, die er sich ja entsprechend notierte, wie wir oben gesehen haben.

Ergänzend möchte ich darauf hinweisen, daß die Perkussion, obgleich sie schon 1761 von *Auenbrugger* (1722-1809) bekannt gemacht wurde, erst deutlich später den Weg in die Praxis fand. Die um das Jahr 1816 von *Laennec* (1781-1826) hervorgebrachte Auskultation gelangte in den dreißiger Jahren zu weiterer Verbreitung und wurde von Hahnemann in seiner Pariser Zeit angewandt. Beide Verfahren konnten also bei der Untersuchung von Wieck nicht eingesetzt werden.

Ob Hahnemann von dem seit 1757 für die Medizin nutzbaren Fieberthermometer Gebrauch machte, ob er sich durch Handauflegen über die Körpertemperatur ein Bild machte oder ob er sich ganz auf die Patientenangaben verließ, läßt sich aus den Journalaufzeichnungen nicht bestimmen:

„das Fieber gestern und heute um 5 Uhr eine Art
    Frösteln" (S. 125)
„hat die gehörige Wärme" (S. 128)
„immer fieberhaft" (S. 143)

Bei Verwendung eines Fieberthermometers hätte Hahnemann aber wahrscheinlich die genauen Meßergebnisse schriftlich festgehalten, um zwischen den verschiedenen Tagen vergleichen zu können. Für die Technik des Handauflegens sprechen seine Ausführungen im § 69, wo er u.a. schreibt:

„notirt er sich, was er selbst an dem Kranken wahrnimmt...
z.B. wie feucht, oder heiss die Haut an diesen oder jenen
Theilen ist..." [28]

Ähnlich äußert er sich im § 96 des Organon II. Hätte er in der
Zwischenzeit das Fieberthermometer in seine Untersuchungen
eingeführt, wäre dieser Passus sicherlich gestrichen worden.

Hahnemann legte größten Wert darauf, ein von Medikamenten
unverfälschtes Bild der Krankheit zu erhalten, d.h. wenn möglich,
sollte die Anamnese nicht während der Einnahme von Arzneien
erfolgen (§ 70). Andernfalls muß der Patient versuchen, die Symptome so darzustellen, wie sie vor der Medikamenteneinnahme
waren, oder, sofern das Befinden des Kranken noch einen gewissen Aufschub des Behandlungsbeginns erlaubt – was bei akuten
Krankheiten meist nicht der Fall ist (§ 71) – sollte einige Tage gewartet werden, bis die Arznei ausgewirkt hat, so daß dann wieder ein
reineres Symptomenbild zu beobachten ist.

Ob Hahnemann auch bei Wieck in dieser Weise vorgegangen ist,
läßt sich leider überhaupt nicht feststellen. Nach den Aufzeichnungen des 16. Januar scheint Wieck zwar zuletzt keine Arznei mehr
eingenommen zu haben, mit Gewißheit ausschließen läßt es sich
aber nicht, zumal er am Vortag noch einen Arzt konsultiert hatte:

„gestern Abend glaubte er zu sterben und da er den
Chirurg kommen ließ..." (S. 111)

Andererseits läßt sich auch das Datum der ersten von Hahnemann getroffenen Mittelverordnung nicht genau festlegen. Eindeutig geht aus den Aufzeichnungen eine Verordnung erst am
26. Januar hervor:

„4 ℔, No 4 Cinch alle 4 Stunden eins" (S. 117)

Aber schon am 17. Januar finden wir den Vermerk, daß Wieck am
Vorabend Coffea cruda zu sich genommen hat:

„... und um 10 Uhr Coff. cr...." (S. 112)

Hahnemann kann die Arznei mitgegeben haben mit dem Hinweis, sie erst beim nächsten stärkeren Schmerzanfall einzunehmen, was allerdings eher unwahrscheinlich ist, da er seine homöo-

pathischen Arzneien nicht kurzfristig zur Beschwichtigung von Beschwerden, sondern zur langfristigen Wirkung verabreichte. Es ist ebenso denkbar, daß Wieck Kaffee getrunken hat, da er sich hiervon eine Besserung des Befindens versprach. Wie aus einem Hinweis vom 1.(?) Januar 1816 zu entnehmen ist, war Wieck ein Freund des Kaffeetrinkens:

„dann Kaffee getrunken aus Sehnsucht" (S. 151)

Schließlich findet sich am 20.Januar 1815 noch die Eintragung „an ☿ "(=an Mercurius; S.114). Es handelt sich dabei um eine Mittelüberlegung, ob Mercurius solubilis eine geeignete Arznei für Wieck sein könnte (an [lat.] = oder etwa). Die spürbare Besserung im Befinden von Wieck während der nächsten Tage läßt den Verdacht aufkommen, daß Hahnemann die Arznei vielleicht verabreicht hat, ohne dies im Journal zu vermerken. Daß seine Aufzeichnungen gelegentlich nicht ganz vollständig sind, werden wir im weiteren Verlauf der Arbeit mehrfach bemerken. Ebenso kann es sich an diesen Tagen natürlich auch um eine Spontanremission handeln.

Beweise für ein bestimmtes Vorgehen von Hahnemann gibt es also keine, am wahrscheinlichsten scheint mir, daß die erste Mittelgabe am 26.Januar, also erst 10 Tage nach der Erstkonsultation vorgenommen wurde. Dann hätte Hahnemann auch die Forderungen der §§ 180/181 erfüllt, in denen er Folgendes empfiehlt: sollte es dem Patienten nicht möglich sein, seine Krankheit exakt mit allen Kleinigkeiten zu schildern, wird am besten, sofern ein Therapieaufschub vertretbar ist, einige Tage gewartet, in denen der Patient sich genau beobachtet, um dann das bislang vorliegende Symptomenbild zu vervollständigen. Bei Patienten, die damit nicht einverstanden sind und sofort einer Therapie zugeführt werden wollen, sei die Gabe einer unarzneilichen Substanz, also eines Placebos, gerechtfertigt, um ihnen das Gefühl zu geben, es geschehe etwas mit ihnen, und sie damit gleichzeitig zu veranlassen, sich genauer zu beobachten. Diese Beobachtungen könnten dann bei der nächsten Konsultation erfragt werden, womit es dem Arzt schließlich auf Umwegen gelungen sei, ein vollständiges und reines Bild der Krankheit zu erlangen. Dann erst sei es möglich, sich auf die Suche nach der geeignetsten Arznei zu machen.

In Anbetracht dieser Anforderungen Hahnemanns wird es zunehmend wahrscheinlicher, daß die erste Verordnung am 26.Januar 1815 erfolgte; denn am 16.Januar stellt sich das Symptomenbild noch recht unscharf dar, erst im Verlauf der nächsten Tage gewinnt man einen detaillierten Überblick. Von dem Kunstgriff der Placebogabe macht Hahnemann bei Wieck (noch) keinen Gebrauch.

Ein wichtiger Aspekt der Patientenbefragung ist nach § 72, ursächliche Faktoren der Erkrankung herauszufinden, wie z.B. Alkoholmißbrauch, seelische Probleme, geschlechtliche Verfehlungen oder auch zurückliegende Krankheiten.

An diesen Dingen zeigt sich Hahnemann bei Wieck durchaus interessiert, vor allem was frühere Erkrankungen angeht. Zwar legt Hahnemann sich in seinen Notizen nicht auf deren die jetzigen Beschwerden auslösenden Charakter fest, deutet dies aber in seiner Niederschrift vom 16.Januar 1815 an, wenn er darauf hinweist, daß Wieck, nachdem das um sein 24. Lebensjahr herum aufgetretene Wechselfieber-Rezidiv „durch China unterdrückt" worden war, er „erst recht krank" wurde (S. 110).

Eine andere, erst später zur Sprache kommende Krankheit früherer Jahre wird Hahnemanns Aufmerksamkeit sicherlich noch weit mehr erregt haben, wenn dies aus seinen Aufzeichnungen auch nicht so deutlich hervorgeht, nämlich die „vor 13 Jahren" (S. 121) aufgetretene Krätze, seit welcher „immer jückende Blüthchen an der rechten Hüfte – vor dem Jahr auch an den Schenkeln" (Ebd.) auftreten. Die Notiz „wenn er die Zahnschmerzen hat, ist der Ausschlag weniger" (Ebd.) weist auf einen interessanten Zusammenhang mit den jetzigen Beschwerden hin. Zu derartigen Verbindungen mit durchgemachten Krankheiten aus dem dermatologischen Formenkreis hat Hahnemann in seinem letzten großen medizinischen Werk „Die chronischen Krankheiten, ihre eigenthümliche Natur und homöopathische Heilung" 1828 ausführlich Stellung genommen. Daß er diesen Geheimnissen schon zur Zeit der Wieck-Behandlung auf der Spur war, drückt diese Bemerkung Hahnemanns aus:

„Den Grund herauszufinden, warum alle die von der Homöopathie gekannten Arzneien keine wahre Heilung in gedachten Krankheiten bringen und eine, womöglich richtigere

Einsicht in die wahre Beschaffenheit jener Tausende von ungeheilt bleibenden – bei der unumstößlichen Wahrheit des homöopathischen Heilgesetzes dennoch ungeheilt bleibenden – chronischen Krankheiten zu gewinnen, diese höchst ernste Aufgabe beschäftigte mich seit den Jahren 1816, 1817 bei Tag und Nacht und – siehe! – der Geber alles Guten [29] ließ mich allmählich in diesem Zeitraum durch unablässiges Nachdenken, unermüdete Forschungen, treue Beobachtungen und die genauesten Versuche das erhabene Räthsel zum Wohle der Menschheit lösen." [30]

Hahnemann war im Rahmen seiner Psoralehre der Meinung, daß u.a. eine nicht durch innerlich verabreichte Arzneimittel geheilte, sondern nur durch äußerliche Therapie unterdrückte Krätze Ursache eines chronischen Leidens sein könne. Die Psoralehre ist allerdings bis heute noch umstritten und soll deshalb in diesem Zusammenhang nicht weiter erörtert werden.

Bei chronischen Krankheiten hält Hahnemann auch die Erkundigung der üblichen Lebensbedingungen, wie die tägliche Lebensordnung, die Eßgewohnheiten und die häuslichen Umstände für notwendig (§ 73).

Über die Lebensumstände von Friedrich Wieck erfahren wir in den Krankenjournalen nicht allzu viel, wir sind durch ihr Studium nicht in der Lage, uns ein Bild über sein Leben in dieser Zeit zu machen. Es finden sich aber dennoch manche Stellen, in denen auf gewisse Lebensbereiche eingegangen wird:

„hat aber heute 3 Stunden gegeben" (S. 113)
„..., und in der Komödie" (S. 120)
„Nervenschwäche, vielleicht weil er zuviel gegangen
    ist heute" (S. 132)
„..., aber weil er sich gereizt hatte durch Ar-
    beit" (S. 140)

In den §§ 186, 187 und 189 weist Hahnemann auf die herausragende Bedeutung der Gemütssymptome hin, die auch bei scheinbar reinen Körperkrankheiten besondere Beachtung verdient haben. Dabei sollte der Arzt nicht nur nach Absonderlichkeiten im Zustand des Gemüts forschen, sondern auch den scheinbar ganz normalen Zustand mit in seine Aufzeichnungen einfließen lassen, da nach seinen Erfahrungen gerade diese Faktoren nicht selten den Ausschlag zugunsten eines bestimmten Mittels geben.

Gemütseigenschaften finden sich bei Wieck in großer Menge; einige Beispiele:

„sieht den Mond nicht gerne, ist ihm unangenehm"
(S. 111)
„nach 3/4 Stunde mußte er heraus, mußte weinen, ward
ihm sehr angst" (S. 127)
„kann sich nicht genug in Acht nehmen vor fixen Ideen
einbildnerisch" (S. 137)
„Gemüth heiter, viel gesprochen" (S. 148)

In Zusammenhang mit den seelischen Symptomen möchte ich auf die große Beachtung der Träume, wie sie in der Kasuistik zu beobachten ist, hinweisen. Hahnemann hat dazu im Organon nicht Stellung genommen. Mit Sicherheit waren sie ihm bei der Mittelwahl aber wichtig, sonst hätte er sie nicht mit dieser Ausführlichkeit notiert:

„im Schlaf Träume von Mord und Tod" (S. 144)
„dann zwang er sich noch zu schlafen, aber da waren
schlimme, fürchterliche Träume" (S. 129)
„dann die ängstigenden Träume, Mord, Diebstahl
wollte entfliehen konnte nicht fort" (S. 146)
„die vorige Nacht, ganz wahnsinnige Träume, immer vom
Tod, Hinrichtung
weiß jedes Wort was er gesprochen" (S. 152)

Ein Themenbereich, der im Organon ebenfalls nicht ausführlich, sondern nur am Rande berücksichtigt wird, ist die Sexualität. Hahnemann widmet entsprechenden Symptomen bei Wieck große Aufmerksamkeit:

„jezt in 6 Tagen keine Pollution
wenns aber anfängt 2, 3 nacheinander
bei Zahnschmerzen gereizt, Erektionen
jedesmal früh Erektionen auch nach gutem Schlaf" (S. 120)
„jenen Morgen eine Pollution – die Nacht zwei" (S. 133)

„Nacht drauf Pollutionen gehabt und dann wieder besser" (S. 137)

„vor der Gelbsucht heftige Erektionen" (S. 145)

Abschließend kann gesagt werden, daß Hahnemann bei der Anamnese von Friedrich Wieck in allen Punkten seinen eigenen Forderungen gerecht wurde, so daß eine ganz außergewöhnlich genaue und ausführliche Krankengeschichte niedergeschrieben wurde. Undurchsichtig bleibt lediglich das Ausmaß der körperlichen Untersuchung, und ein kleines Fragezeichen bleibt hinter der Frage stehen, ob Hahnemann eine Arznei schon nach der ersten Konsultation mitgab, oder ob er sich zunächst eine umfassende Übersicht über Wiecks Symptomatik verschaffte.

5.3.2 Hahnemanns Therapie

5.3.2.1 Darstellung der bei Wieck durchgeführten Therapie

Wie sah Hahnemanns Therapie bei Friedrich Wieck im einzelnen aus? Zur Beantwortung dieser Frage werde ich zunächst die gesamte Behandlung chronologisch darzustellen versuchen. Dabei finden nur solche Tage Erwähnung, an denen für das Verständnis der Therapie relevante Eintragungen vorliegen. Dies freilich ist nur insoweit möglich, als uns die Aufzeichnungen Hahnemanns hierüber Auskunft geben. Wie meine Ausführungen zeigen werden, gibt es bei der Interpretation manche Unsicherheit, und es werden einige Fragen unbeantwortet bleiben müssen. Dies darf aber nicht darüber hinwegtäuschen, daß uns die Krankenjournale einen tiefen Einblick in Hahnemanns therapeutisches Vorgehen bieten.

Eine Unsicherheit bietet sich gleich zu Beginn meiner Betrachtungen, nämlich hinsichtlich der Frage, wann Hahnemann seine erste Verordnung traf. Wie bereits oben besprochen, ist dies mit großer Wahrscheinlichkeit am 26.Januar 1815 geschehen.

Der Übersichtlichkeit wegen werde ich zusätzlich zur tatsächlichen Therapie auch Abkürzungen, Zeichen und Vermerke, die im Zusammenhang mit Mittelüberlegungen, unerwünschten Arznei-

wirkungen usw. im Text vorkommen, erläutern, so die am **17.**
Januar notierte Abkürzung „Coff. cr." (S. 112). Es handelt sich um
Coffea cruda = Coffea arabica (Die deutschen Namen der Arz-
neien sind im Anhang, S. 160, aufgelistet.) Vermutlich hat Wieck
Kaffee in der üblichen Form getrunken (vgl. S. 48 f.).

20. Januar: „an ☿ " (S. 114)

Das lateinische Wort „an" bedeutet „oder etwa, vielleicht". Hahnemann kennzeichnet mit diesem Wort in seinen Journalen Mittelüberlegungen, d.h. er notiert sich Arzneien, die ihm in Zusammenhang mit der vom Patienten dargebotenen Symptomatik als
möglicherweise passend erscheinen, gewissermaßen als Gedächt-
nisstütze.

Das Apothekerzeichen ☿ (die korrekte Schreibweise ist ☿)
steht für Mercurius solubilis Hahnemannii, einem von Hahnemann, der sich eingehend auch mit der Chemie beschäftigt hat,
selbst erfundenen Quecksilberpräparat.

Die an den kommenden Tagen bei Wieck zu beobachtende
Befindensverbesserung läßt zwar an eine Mittelgabe denken, doch
ist ein entsprechender Vermerk nicht zu finden.

26. Januar: „4 ℥, No 4 Cinch alle 4 Stunden eins" (S. 117)

Dies ist die erste eindeutige Verordnung Hahnemanns. Das Zeichen ℥ bedeutet Milchzucker, „Cinch" ist die Abkürzung für Cinchona calisaya aut succirubra = China officinalis. China officinalis
war ein in der damaligen Allopathie sehr gebräuchliches Mittel,
das von Hahnemann in homöopathischer Potenz angewandt
wurde. Auf das Problem der Verdünnung wird später noch eingegangen.

Am 26.Januar gibt Hahnemann somit vier Teile Milchzucker ab,
von denen der vierte (No 4) als Arznei China enthält; alle vier
Stunden ist eine Gabe einzunehmen. Als einzige arzneiliche Substanz wirkt China, die übrigen drei Gaben Milchzucker sind unarzneilich, also Placebo. Das Thema Placebo sowie die Frage, wie
Hahnemann die Numerierung der Arzneien vornahm, wird ebenfalls später abgehandelt.

27. Januar: Offenbar brauchte Wieck die am Vortag gereichten
Mittel nicht ganz nach Vorschrift. Nach den Journal-Aufzeichnun-
gen nahm er nachts gegen 2 ½ Uhr „2 Pulver" (S. 117), während die
Verordnung alle vier Stunden **ein** Pulver vorsah. Mit Pulver ist in

diesem Fall der Milchzucker gemeint, der von Hahnemann pulverisiert abgegeben wurde. Die Notizen „nahm um 7 Uhr das dritte" (Ebd.) und „um 11 Uhr Cinch genommen" (Ebd.) weisen in der Folge auf eine korrekte Einnahme hin.

Die Verordnung „4 Conche bis morgen früh" (Ebd.) zeigt die Gabe von Austernschalenpulver an. Mit „Conche" meint Hahnemann Conchae, die Austernschalen, die er in Form von Pulver verabreichte. Der von Varady vertretenen Auffassung, auch bei den Conchae handele es sich um einen reinen Placebo [31], kann ich mich nur teilweise anschließen. Doch dazu im Kapitel 5.3.2.7 mehr.

„NB Cinch" (S. 118)

Das Zeichen „NB" bedeutet „nota bene" und kennzeichnet für Hahnemann Symptome, die durch die zuvor gegebene Arznei beim Patienten neu hervorgerufen wurden [32] und die bislang noch nicht im betreffenden Arzneimittelbild enthalten waren, d.h. die Prüfungen am Gesunden haben dieses Symptom nach den vorliegenden Beobachtungen nicht hervorgebracht. Derartige Symptome hat Hahnemann dann sowohl im Rahmen von Arzneiprüfungen als auch in der täglichen Praxis am Patienten als für die entsprechende Arznei spezifisch zu verifizieren versucht und evtl. in seine Symptomensammlungen übernommen. War dies der Fall, so strich er das Zeichen „NB" in den Krankenjournalen durch, wie das vorliegende Beispiel zeigt. Ein Beweis für die Richtigkeit dieser Interpretation von „NB" wird an anderer Stelle geführt (s. S. 64).

28. Januar: „4 Conche" (S. 119)

29. Januar: „4 Conche" (Ebd.)

31. Januar: „Nux Cocc. (Tox)
heute N riechen" (S. 120)
          o

„Nux" steht für Nux vomica, „Cocc" für Cocculus indicus und „Tox" für Rhus toxicodendron. Das „N" bedeutet wieder Nux vomica und der kleine Kreis darunter Streukügelchen. Diese Kügelchen wurden aus Milchzucker hergestellt und waren mit Arznei befeuchtet.

Die Therapie besteht also darin, daß Wieck an einem mit Nux vomica benetzten Streukügelchen riecht. Die drei zunächst genannten Mittel stellen Überlegungen dar, Hahnemann hielt also neben Nux vomica, für das er sich letztlich entscheidet, Cocculus indicus und mit Abstrichen - deshalb in Klammern gesetzt – Rhus toxicodendron für geeignet.

An dieser Stelle sei kurz auf die Interpretation des Zeichens „o" eingegangen. Der von Henne [33] geäußerten Auffassung, daß dieses Zeichen Kügelchen bedeutet, kann nur zugestimmt werden. Insofern muß Varady widersprochen werden, die in ihrer Arbeit zu der Ansicht gelangt, daß „o" lediglich für Nullmittel (Placebos) steht [34]. Auf unser Beispiel angewandt, würde das überhaupt keinen Sinn ergeben. Noch deutlicher wird das in der Verordnung vom 8. Februar, „Nux riechen..."(S. 124), da das Mittel dort ausgeschrieben ist. Damit sind Spekulationen über eine andere Bedeutung des Buchstabens „N", z.B. er könne für „Nihil" (Nichts = Placebo) stehen, überflüssig.

1. Februar: „2 ℥ diesen Abend"(S. 121) = zwei Gaben unarzneilichen Milchzuckers.

3. Februar: „heute noch 2 ℥
an Puls Nux" (S. 121)

Die Therapie besteht wieder aus Placebos, daneben erscheinen Hahnemann das mit „Puls" abgekürzte Pulsatilla pratensis und Nux vomica geeignete Arzneien, er verabreicht aber keine von beiden.

4. Februar: „2 ℥ " (S. 122)

5. Februar: „um etwa morgen Br." (Ebd.)

Auch hier handelt es sich um eine Mittelüberlegung, und zwar erwägt Hahnemann, am nächsten Tag Bryonia alba zu geben.

6. Februar: „Pollikarman." (S. 122)

Eine Form des Mesmerismus, auf deren Erläuterung im Kapitel 5.3.2.8 eingegangen wird. Aus der Formulierung ist nicht eindeutig zu schließen, wann mesmeriert worden ist. Dies wird uns beim Mesmerismus leider noch häufiger begegnen.

„Br. riechen und 2 ℥ " (Ebd.)

Wie am Vortag angedeutet, verordnet Hahnemann Bryonia alba, und zwar soll Wieck daran riechen, wahrscheinlich wieder an einem Streukügelchen, obgleich das Zeichen „o" fehlt. Es wurde vermutlich von Hahnemann vergessen. Zusätzlich gibt er zwei Placebos.

7. (?) Februar: „jezt präparirt und Volar" (S. 123)
„das Calmiren machte Gähnen" (Ebd.)

Weitere Varianten des Mesmerismus, die ebenfalls später besprochen werden.

8.Februar: „an Tox" (S. 124) ist eine Mittelüberlegung, die er wohl aufgrund der daneben stehenden Symptome anstellt. Ein Vergleich mit der Materia medica in der RA deutet darauf hin. Dort finden wir folgendes Prüfungssymptom (Nr. 75):

> „Ein Schmerz am Kinnbackengelenke, dicht beim Ohre, klammartig in der Ruhe und bei Bewegung des Theiles, welcher sich durch starkes Drücken von aussen auf das Gelenke und durch Genuss warmer Dinge mindert." [35]

„Nух riechen und 2 ♂" (S. 124)
Die Verordnung dieses Tages bedarf keiner weiteren Erklärung mehr.

9. Februar: „Cinch?" (Ebd.)
Die Bedeutung des Fragezeichens läßt sich in diesem Fall nicht eindeutig klären. Es gibt zwei Interpretationsmöglichkeiten. Zum einen kann Hahnemann das Fragezeichen statt des Wörtchens „an" benutzt haben, zum anderen kann er, wie er dies am 26. Dezember auch praktiziert („? hep. ♃" [S. 148]) damit die Vermutung kennzeichnen, diese Symptome seien durch ein vorher verabreichtes Mittel, in diesem Fall die am 26. Januar gegebene Chinarinde, neu hervorgerufen worden. Üblicherweise gebrauchte er zu diesem Zweck das Zeichen „NB", aber gelegentlich ließ er es auch weg. Die Tatsache, daß die Prüfungssymptome von China in die Richtung der Beschwerden zielen, stützt beide Vermutungen. Aufgrund von Hahnemanns Gewohnheiten ist die zweite Variante die weitaus wahrscheinlichere.

„zweimal Volar   Morgen etwa Nordpol   Cinch
                                        Tox." (S. 124)

Die Therapie des heutigen Tages besteht im Mesmerieren (Volar). Das Übrige sind Planungen für den nächsten Tag, wobei sich „Nordpol" auf die Anwendung des Magnetstabes bezieht, der einen Nord- und Südpol besitzt, deren Wirkungen homöopathisch genutzt werden können. Da für den nächsten Tag keinerlei Aufzeichnungen vorhanden sind, ist nicht festzustellen, ob eines der für „Morgen" ins Auge gefaßten Mittel zur Anwendung kam. Da einen weiteren Tag später eine Medikation vorgenommen wird, ist dies, gemäß Hahnemanns Prämisse, Arzneien genügend lange wirken zu lassen, eher unwahrscheinlich, doch, wie wir später mehrfach feststellen können, ist bei ihm auf die Befolgung dieser Regel nicht unbedingt Verlaß.

11. Februar: „2 ℥ ̲ ̲V̲e̲r̲a̲t̲ ̲m̲e̲d̲.̲ ̲j̲e̲z̲t̲ ̲u̲n̲d̲ ̲m̲o̲r̲g̲e̲n̲ ̲f̲r̲ü̲h̲ ̲2̲ ̲℥̲
(nord 1 Minute 2 ℥ morgen)" (S. 125)

Diese Verordnung läßt sich nur schwer eindeutig interpretieren. Fest steht lediglich, daß Wieck „Verat", also Veratrum album, sowie Milchzucker-Placebos erhalten hat. Wieviele es waren, ist nicht zu sagen, in jedem Fall sollten zwei am nächsten Morgen genommen werden. Die zu Beginn angeführten zwei Milchzucker könnten gleich nach der Konsultation von Hahnemann an Wieck verabreicht worden sein, wobei in einem dann Veratrum album enthalten gewesen sein könnte, oder auch in beiden, was aber eigentlich nicht Hahnemanns Vorstellungen entsprach. Der Zusatz „med." ist in der mir bekannten homöopathischen Literatur noch nicht besprochen worden. Wie ich in dem Kapitel zu den Arzneimittelpotenzen noch diskutieren werde, ist dieses Kürzel im Sinne von „medius" (lat.: in der Mitte befindlich) zu verstehen. Damit scheint Hahnemann eine mittlere Potenz unter den von ihm bevorzugten zu meinen. Das in Klammern Gesetzte ist wohl wieder eine Überlegung für den nächsten Tag, wobei es verwundert, daß er die Planung von Placebogaben schriftlich festhält.

Abschließend noch die Bedeutung von „nord 1 Minute": dies besagt, daß der Nordpol eines Magnetstabes eine Minute einwirken soll.

12. Februar: „heute med. Cinch. und 2 ℥ an Magnet"
(S. 125)

„Magnet" steht für Magnetismus, alles andere erklärt sich aus dem bisher Gesagten. Erstaunlich ist die Gabe von China officinalis insofern, als erst einen Tag vorher eine andere Arznei gegeben wurde.

14. Februar: „nach dem Mesmeriren fing er heftig an zu weinen" (S. 126)

Ganz offensichtlich wurde an diesem Tag mesmeriert, auch wenn Hahnemann dies nicht als Verordnung sichtbar notiert hat.

15. Februar: „Nun Volar Mesm. davon erst Müdigkeit dann Gähnen" (S. 127)

Wiederum trennt Hahnemann die Aufzeichnungen über sein therapeutisches Vorgehen nicht vom übrigen Text ab, sondern integriert sie in diesen und notiert sich direkt die nach dem Mesmerieren zu beobachtenden Veränderungen.

16. Februar: „1 Präpar und 4 Mal Volar." (S. 127)
„Präpar" ist die Abkürzung für das am 7. Februar bereits angewandte „Präparieren".

20. Februar: „die reissenden Schmerzen, die durch Mesmerisms erhöhet wurden dauerten bis 10 Uhr, erhöhet."(S. 128)
Wenngleich am Vortag keine Therapie notiert wurde, müssen wir aus den Zeitangaben schließen, daß am 19. Februar mesmeriert worden ist.

22. Februar: „wieder 1, und 4 positiv mesmir." (S. 129)
Anwendung des positiven Mesmerismus, also jener Form, bei der Lebenskraft in den Kranken einströmen soll (während mit dem negativen Mesmerismus das genaue Gegenteil bewirkt werden soll).

25. Februar: „nun nur präparirt und 2 mal gestrichen"
(S. 130)
28. Februar: „heute noch Palmar. aber Tr. vorher Tox.
gerochen" (S. 131)
An diesem Tag sind Wieck scheinbar zwei Therapien zuteil geworden. So hat er zunächst an Rhus toxicodendron gerochen und später wurde er mesmeriert.
„an Acris
Tox" (S. 131)
„Acris" steht für Tinctura acris sine kali, „Tox" weist noch einmal auf die heutige Arznei hin.

1. März: „von Palmar dessen den Tox gerochen" (S. 132)
Diese etwas merkwürdige Formulierung erwähnt die Therapie des Vortages und bestätigt meine Interpretation.
„präpar. und 4 Mal. Volar." (Ebd.) ist die heutige Verordnung.

2. März: „heute präp. und 3 Volar" (Ebd.)
3. März: „1 Präpar. 2 Volar." (Ebd.)
„nach Mesm. ruhiger" (Ebd.)
Wieder hat Hahnemann sich die unmittelbar zu beobachtende Wirkung des Mesmerismus, diesmal eine deutlich positive, niedergeschrieben.

24. März: „Tox riechen" (S. 136)

Auch an diesem Beispiel läßt sich verdeutlichen, daß das Zeichen „o" nur im Sinne von Kügelchen und nicht etwa Placebo verstanden werden kann.

27. März: „Abends 6 Uhr gestrichen" (S. 136)
　　　　„er mußte ihn 16 Mal streichen" (Ebd.)
　　　　„Wieck bestrich En – und ward davon glühend heiß
　　　　und schwitzte über und über" (Ebd.)

Die ersten beiden Äußerungen beziehen sich mit größter Wahrscheinlichkeit auf den Vorgang des Mesmerierens. Wie das zweite Zitat zeigt, muß jemand anders als Hahnemann dies vorgenommen haben, doch leider ist hierüber nichts Genaueres zu erfahren.

Die dritte Notiz bezieht sich dagegen auf den Magnetismus. Dessen Wirkung des intensiven Schwitzens zeigt sich auch am 6.Mai bei der Einwirkung des Nordpols: „schwitzte über und über" (S. 141). Die Technik des Magnetismus besteht nun aber nicht im Streichen, sondern im Einwirkenlassen über einen gewissen Zeitraum. Gestrichen wird lediglich dann, wenn, wie Hahnemann in der RA erläutert, einem Stahlstäbchen mittels eines magnetischen Hufeisens magnetische Kraft verliehen werden soll [36]. Hahnemann empfahl die Herstellung solcher Stahlstäbchen für jene Patienten, die nicht im Besitz eines Magnetstabes waren und sich nicht in seiner Praxis dieser Therapie unterziehen konnten, weil sie zu weit entfernt wohnten. Es war aber vorgesehen, daß die Fertigung durch den Arzt erfolgte. Meiner Meinung nach hat Wieck im vorliegenden Fall selbst den Versuch unternommen, und dabei haben die magnetischen Kräfte auf seinen Körper gewirkt. Sicherlich wäre eine eindeutigere Interpretation möglich, wenn wir das von Hahnemann geschriebene Wörtchen „En" in seiner Bedeutung entschlüsseln könnten.

8. April: „magnetisirt und wieder ausgesetzt, nun herabgekommen weil er nicht 3 Tage gestrichen ward" (S. 137)

Diese Notiz bestätigt meine Vermutung, daß bei Wieck der Magnetismus außerhalb von Hahnemanns Praxis Anwendung fand, zusätzlich zum Mesmerismus, der, wie sich ebenfalls oben andeutete, von einem unbekannten Dritten vorgenommen worden sein wird, denn die letzte Eintragung über eine Konsultation liegt 12 Tage zurück.

„ol.martis gerochen" (Ebd.)

Hahnemann läßt an Oleum martis (= Eisenöl = Eisen(III)-chlorid) riechen.

10. April: „keine Wirkung von ♂ riechen" (Ebd.)

> ♂ ist das Zeichen für Ferrum und verweist auf das 2 Tage zuvor verordnete Eisen enthaltende Oleum martis.

„gestern magnetisirt" (Ebd.)

Dies bestätigt wiederum meine Annahme, daß Wieck zu Hause selbst magnetisiert; denn für den 9.April findet sich keine Eintragung im Journal.

16. April: „Mesmerism ward fortgesetzt" (Ebd.)

Neuerlicher Hinweis, daß der Mesmerismus häufiger genutzt wurde, als im Journal vermerkt; denn zu den letzten 6 Tagen gibt uns das Journal keine Auskunft.

„Tox riechen" (Ebd.)

24. April: „vibrans Dolor omnium membr. Arn" (S. 138)

> „an Magnet, Zink, tart. emet." (Ebd.)
> „palpitatio musculorum artuum Nux" (S. 139)
> „palpitatio musculorum partis inter decubitum „Ign." (Ebd.)
> „Palpitatio fibra muscul art. Coloc" (Ebd.)
> „Nord 3 Minuten" (Ebd.)

Als bislang noch nicht erwähnte Arzneien tauchen in Hahnemanns Überlegungen jetzt Arnica montana („Arn"), Zincum metallicum („Zink"), Tartarus emeticus = Antimonium tartaricum („tart.emet."), Ignatia amara („Ign") und Colocynthis („Coloc") auf. Von alledem verordnet Hahnemann aber schließlich nichts, sondern er entscheidet sich für den Nordpol des Magnets.

Die in lateinischer Sprache verfaßten Sätze stellen Prüfsymptome aus Hahnemanns erster Arzneimittellehre, den 1805 in Lateinisch herausgegebenen „Fragmenta De Viribus Medicamentorum Positivis sive in Sano Corpore Humano Observatis", dar. Die in der, einem Repertorium entsprechenden, „Pars Secunda" aufzufindenden Originalsymptome lauten folgendermaßen:

> „vibrans dolor omnium membrorum, dum corpus concutitur in rheda et dum pes sistitur, Arn. 22,14." [37]

Die Ziffern besagen, daß dieses Symptom in der „Pars Prima", die die Symptomenauflistungen zu jedem Mittel enthält, auf S. 22 an 14. Stelle wiederzufinden ist.

> „palpitatio (et vulsio) sub cute musculorum artuum, maxime vero abdominis musculorum, Nux v. 192, 16." [38].
> „palpitatio musculorum partis et convulsio, [?] illis, inter decubitum Ign. 155" [39].

Das Colocynthis-Symptom ließ sich nicht auffinden.

25. April: „NB Süd" (S. 139)

„Süd" bezeichnet den Südpol des Magnetstabes. Diese Verordnung steht im Widerspruch zu der des Vortages. Eine Klärung ist nicht möglich.

2. Mai: „heute mesmerir" (S. 141)

6. Mai: „Nordpol 1 Minute" (Ebd.)

8. Mai: „noch Nordpol um 6 Uhr" (Ebd.)

Aus dem Textzusammenhang ist zu schließen, daß Wieck am Vortag morgens um 6 Uhr magnetisiert hat.

> „heute einim Coff. cr." (S. 142)

In diesem Fall können wir, im Gegensatz zum 17. Januar, mit Gewißheit feststellen, daß Hahnemann Coffea cruda zum Einnehmen gereicht hat.

12. Juni: „den Tag drauf – auf das Riechen eines Kügelchens (nescio) – gar kein Spannen gehabt, . . ." (Ebd.)

Diese Notiz läßt sich in zwei Richtungen interpretieren. Erstens: Hahnemann hat Wieck an einem der vergangenen Tage ein mit Arznei versehenes Streukügelchen zum Riechen gereicht, ohne sich das zu notieren, und er hat zudem vergessen, um welche Arznei es sich dabei gehandelt hat. Zweitens: Wieck hatte von Hahnemann in der Vergangenheit ein solches Kügelchen zwecks Riechen mitbekommen, und da es ihm damals Besserung brachte, hat er, in einer Art Selbstmedikation, nochmals daran gerochen. Da es aber nicht Hahnemanns Praxis entsprach, die Kügelchen zum Riechenlassen den Patienten mit nach Hause zu geben, ist der erste Erklärungsversuch wahrscheinlicher.

14. Dezember: „oᴐo Helleb.n. hep. ♃ Eis. Surmh. ☿ tox
Cinch Nux Squ. Chenop" (S. 143)

Diese lange Reihe von Mitteln hat Hahnemann sich in eindeutig sichtbarer Verbindung zu dem Symptom „seit Sonnabend gelb" (Ebd.) notiert. Einige Arzneien sind uns bisher noch nicht begegnet und müssen deshalb noch kurz identifiziert werden.

ōͻo = Arsenicum album
Helleb.n. = Helleborus niger
hep ♃ = Hepar sulphuris
Eis. = Eisen = Ferrum
Sturmh. = Sturmhut = Aconitum napellus
Squ. = Squilla (Scilla) maritima
Chenop. = Chenopodium [40]

„heute med. duo Squ. 6 ♃ ℈ (S. 143)
Diese Verordnung wirft einige Fragen auf. Eindeutig ist lediglich die Tatsache, daß Wieck Squilla maritima zur oralen Einnahme erhalten hat. Das Kürzel „med." verwirrt zwar dadurch etwas, daß es der Arznei diesmal voran gestellt ist, dürfte aber auch hier im Sinne einer mittleren Verdünnungsstufe zu verstehen sein.

Die Bezeichnung „duo" wird hier erstmals erwähnt. Die wahrscheinlichste Interpretation ist die, daß darunter eine doppelte bzw. zwei Gaben zu verstehen sind, d.h. unter den aufgeführten 6 Milchzuckern befinden sich zwei, die Squilla maritima enthalten. Allerdings entspricht es mehr seiner Gewohnheit, sich in einem solchen Fall zu notieren, in welchem Milchzucker Arznei enthalten ist. Wenn Hahnemann in seinen Aufzeichnungen ein gewisses Prinzip verfolgte, dann ist die Annahme am wahrscheinlichsten, daß er Wieck gleich nach der Konsultation zwei Gaben Squilla maritima verabreichte und die Placebos für die nächsten Tage mitgab.

Als letztes stellt sich die Frage nach der Bedeutung der abschließenden Gewichtsangabe von 2 Quentchen. (℈ ist das Zeichen für ein Quentchen = 3,75g). Damit ist die Flüssigkeitsmenge gemeint, in der Wieck die Arznei einnehmen sollte [41], wahrscheinlich handelt es sich um Wasser, da Hahnemann selbst davon spricht, auch feste Arzneien in Wasser eingenommen haben zu lassen [42].

16. Dezember: „℞ ein Paar Stunden nach Squ. ein immerwährender Schleimauswurf..." (S. 144)

An diesem Beispiel läßt sich die Interpretation des Zeichens „NB" (s. S. 55) hervorragend bestätigen. Aus Hahnemanns Worten geht klar hervor, daß das genannte Symptom in dieser Form erst **nach** der Gabe von Squilla auftrat. Die lange Zeit unwidersprochen gebliebene Interpretation, dieses Zeichen bedeute „geheilt", die auf einer schriftlichen Mitteilung des Hahnemann-Schülers *Hermann Hartlaub* basiert [43], kann durch den hier vorliegenden Fall in seiner seltenen Eindeutigkeit endgültig als widerlegt betrachtet werden.

Wie schon besprochen, bedeutet das durchgestrichene Zeichen „NB", daß Hahnemann dieses Symptom, also den durch Squilla maritima hervorgerufenen starken Schleimauswurf, zu einem späteren Zeitpunkt in seine Symptomensammlung übernommen hat. Der Beweis dafür findet sich in der RA, 3.Teil (1817), wo auf Seite 192 als Symptom Nr. 46 von Squilla steht:

„Ein immerwährender Schleimauswurf (n. 2 St.)."

„an Magan." (S. 144)
„Magan" bedeutet Manganum aceticum.

„Tox med.$_2$ 6 $\mathscr{z}$ 3$^\mathrm{i}$" (Ebd.)

Diese Angaben lassen sich nach allem bisher Dargelegten fast vollständig interpretieren, zweifelhaft bleibt lediglich die „2". Höchstwahrscheinlich steht sie statt des vorher schon erwähnten „duo".

21. Dezember: „aufs erste Manipuliren sich wohl befunden"
(S. 145)
„diese Nacht auf Manipuliren und Pollicar
nicht mehr Durchfall" (S. 146)
„Cinch Bell. Ign. ᴑᴑ (Nux)
hep. ♃
6 $\mathscr{z}$ No 1 med. ᴑᴑ" (Ebd.)

Mit „Manipuliren" sind mesmerische Manipulationen gemeint, „Pollicar" ist die Kurzform des bereits erwähnten „Pollikarman" (S. 56).

Unter den zur Auswahl stehenden Mitteln ist für uns nur Belladonna („Bell.") neu. Die Therapie besteht folglich aus 6 Milchzuckergaben, von denen 5 unarzneilich sind, während die erste eine mittlere Verdünnung von Arsenicum album enthält.

24. Dezember: „hep ♃ Br." (S. 147)

Diese am Rand notierten Mittel stellen eine Überlegung dar, wobei Hahnemann Hepar sulphuris im Zusammenhang mit der Gelbsucht (dies zeigt die Verbindung zu „gelbs.") als geeigneter erscheint, und tatsächlich kommt es zur Verordnung dieser Arznei.

„3 Conch und groß	Cônche mit hep ♃ auf morgen früh"
	No 2 (Ebd.)

Das zweite der drei ausgegebenen Austernschalenpulver enthält Hepar sulphuris und soll erst am nächsten Morgen genommen werden. Das Wort „groß" deutet darauf hin, daß Hahnemann bei den Conchae unterschiedliche Größen vorliegen hatte und diesmal die größeren wählte.

25. Dezember: „Mattigkeit mach mesm. weniger" (S. 147)
Vor dieser Konsultation muß mesmeriert worden sein.

26. Dezember: „♃ hᴇp. ♃" (S. 148)

„? N℞ hᴇp. ♃" (Ebd.)

„! hep. ♃" (Ebd.) ♃ entspricht ♃

Die Fragezeichen weisen darauf hin, daß Hahnemann sich nicht ganz sicher ist, ob die Symptome wirklich durch Hepar sulphuris hervorgerufen wurden. Daß die Randvermerke später ausgestrichen wurden, zeigt, daß er die Symptome dann doch in die RA übernommen hat. Dies wiederum wird bestätigt durch die folgenden in der RA IV (1818) vermerkten Symptome:

„sehr hypochondrisch" (S. 263, Nr.181)
„Blähungsabgang die Nacht" (S. 256, Nr.66)

Die Bedeutung des Ausrufezeichens in Hahnemanns Krankenjournalen konnte bislang nicht geklärt werden. In obigem Fall macht es auf eine positive Wirkung aufmerksam. Entsprechend hat es sich Hahnemann auch in der RA IV (1818) notiert:

„Sehr feiner Geruch"
„Scheint Heilwirkung zu sein" (S. 254, Nr.29)

Eigentlich gehört diese Hepar sulphuris-Wirkung nicht in die RA, da es sich nicht um ein Krankheitssymptom handelt, was Hahnemann durch seine nachträgliche Anmerkung verdeutlicht.

„... darauf mesmeriert“ (S. 148)
„acon. Ign. ♂ (Bell.) Nux med.
└── heute Abend“ (Ebd.)

„Acon.“ steht für Aconitum napellus, das uns als Sturmhut schon begegnet ist. ♂ kann nur als verunglücktes Zeichen für ♂ = Ferrum gelten, wahrscheinlich meint er damit wieder, wie oben schon einmal, Oleum martis.

27. Dezember: „NB acon“ (S. 149)

Dieser Vermerk erstaunt sehr, denn am Vortag wurde den Aufzeichnungen gemäß eindeutig Nux vomica verordnet. Entweder hat Hahnemann sich nach Abschluß seiner Niederschrift doch noch anders entschieden und Aconitum napellus verabreicht, oder er hat am nächsten Tag irrtümlicherweise das beim Nachschlagen als erstes ins Auge fallende Aconit für das zuletzt gegebene Mittel gehalten. – Dieses also möglicherweise zu Nux vomica gehörende Symptom hat Hahnemann folgerichtig in die RA bei Aconit aufgenommen (RA II, 2.Aufl., 1822):

„Träume, in denen er viel sprach“ (S. 456, Nr. 186).

28. Dezember: „vor dem Einnehmen heute um 2 Uhr noch Stuhl drauf Chin“ (S. 149)
„weniger gelb jezt um 11 Uhr als vor China“ (Ebd.)

Aus dem Textzusammenhang muß geschlossen werden, daß Wieck nachts um 2 Uhr China officinalis zu sich genommen hat. Es ist davon auszugehen, daß Hahnemann ihm das Mittel tags zuvor mitgegeben hat.

30. Dezember: „Puls med. 3 ℘“ (S. 150)

2. Januar: „1/2 pulver ♁“ (S. 151)

♁ ist das Zeichen für Sulphur, das nicht identisch ist mit Hepar sulphuris. Auch an diesem Beispiel, in dem Hahnemann die Arzneimenge auf zwei Gaben verteilt, sehen wir, daß er nicht nur die Höhe der Verdünnungen, sondern auch die Größe der verabreichten Menge variierte.

3. Januar: „hat heute etwas Kopfweh auf die andere Hälfte des ♁ ♁“ (S. 151)

„♁“ bedeutet Pulver

7. Januar: „Magnet" (S. 152)

Dem an den Rand geschriebenen und einem bestimmten Symptom zugeordneten Hinweis auf den Magnetismus fehlt offensichtlich das Wörtchen „an".

„Tox riechen" (Ebd.)

Dies ist eindeutig die heutige Verordnung.

10. Januar: „Tox Cham." (Ebd.)

Auch hier handelt es sich um eine Mittelüberlegung, und zwar in Richtung Rhus toxicodendron und Chamomilla („Cham").

„$\female$ emet. $\dfrac{1}{600000}$ med.$_3$" (S. 153)

Mit Tartarus emeticus führt Hahnemann zum Schluß noch eine neue Arznei in die Therapie ein. Erstmals gibt er die Verdünnung an und kennzeichnet sie als die dritte mittlere Stufe.

15. Januar: „gestern Abend kalmirt" (S. 154)

Die letzte, im Krankenjournal erwähnte Therapie, welche Friedrich Wieck erfuhr, besteht also im Mesmerieren.

Wie die vorausgegangene Darstellung gezeigt hat, läßt sich die Friedrich Wieck zuteil gewordene Therapie ziemlich gut nachvollziehen, auch unter Berücksichtigung einzelner Unsicherheiten in der Interpretation der Aufzeichnungen und der Unvollständigkeit der Journalführung.

Eine Graphik vermag das Gewicht der einzelnen Therapievarianten (Magnetismus, Mesmerismus, orale Arzneigaben, Placebos, Riechenlassen) gut zu verdeutlichen (s. S. 161). Bei ihrer Erstellung wurden lediglich solche Therapien berücksichtigt, die eindeutig aus den Aufzeichnungen oder dem Kontext hervorgehen [44].

Ohne Zweifel überrascht die große Bedeutung des Mesmerismus, wenngleich zu beachten ist, daß die eigentliche homöopathische Therapie, zusammengesetzt aus oral verabreichten Mitteln, Riechenlassen an Arzneien und Magnetismus im Vordergrund steht. Deshalb möchte ich im folgenden auch zunächst auf sie eingehen.

5.3.2.2 Methodik der Arzneiwahl

In diesem Kapitel stelle ich zunächst im Zusammenhang Hahnemanns Lehre hinsichtlich der Arzneiwahl anhand des Organons dar, darauf folgt ein von Hahnemann formuliertes praktisches Fallbeispiel aus der RA, und abschließend versuche ich, anhand von zwei Verordnungen für Friedrich Wieck die Mittelbestimmung Hahnemanns nachzuvollziehen.

Grundlegende Bedeutung hat der § 3. Danach geht es für den Arzt darum, nach Kenntnis dessen, was „an jedem einzelnen Krankheitsfalle insbesondre zu heilen ist" [45] und nach Kenntnis der Kräfte der Arzneimittel darum, „nach deutlichen Gründen das Heilende der Arzneien auf das an der jedesmaligen Krankheit zu Heilende" so einander anzupassen, „dass Genesung erfolgen muss." [46]

Die Kenntnisse der Arzneikräfte beruhen auf der Prüfung am Gesunden, d.h. der Arzt hat sich daran zu orientieren, welche Symptome die einzelnen Mittel im gesunden Körper erregen (§ 15).

Das in einer Krankheit zu gebrauchende Arzneimittel ist nach dem Ähnlichkeitsprinzip auszuwählen:

> „jede Arznei, welche unter ihren, im gesunden menschlichen Körper von ihr erzeugten Krankheitszufälle die meisten der in einer gegebnen Krankheit bemerkbaren Symptome aufweisen kann, vermag diese Krankheit am schnellsten, gründlichsten und dauerhaftesten zu heilen" [47] (§ 19).

Zu beachten ist bei der Suche nach der geeignetsten Arznei, daß von jedem Krankheitsfall die „auffallendern, sonderlichen, charakteristischen Zeichen" [48] ausgesondert werden, und daß nach ähnlichen Symptomen von den am Gesunden geprüften Arzneimitteln gesucht wird. Denn gerade die auffallenden Symptome führen den Arzt zu der für einen gegebenen Krankheitsfall entsprechenden Arznei, während ein Vorgehen, bei dem uncharakteristische Symptome, wie Müdigkeit, schlechter Schlaf, Diarrhoe für die Wahl des Heilmittels vorrangig herangezogen werden, zu einer hohen Zahl an Mitteln führt, und so die Bestimmung des für die zu heilende Krankheit individuell geeignetsten sehr schwer wird (§ 129).

Eine herausragende Rolle bei der Arzneiwahl spielen die Gemütssymptome:

> „Diess geht so weit, dass bei der Wahl einer arzneilichen Gegenkrankheitspotenz der Gemüthszustand des Kranken oft hauptsächlich den Ausschlag gibt." [49]

Eine gute homöopathische Therapie wird nach Hahnemann nur jener Arzt vollbringen können, der ein Mittel aussucht, welches am Gesunden einen ähnlichen Gemütszustand hervorzurufen in der Lage ist, wie er sich an dem zu Heilenden zeigt (§§ 186-189).

Hahnemann warnt eindringlich davor, eine Vorliebe für bestimmte Arzneien entstehen zu lassen, nachdem sie öfter mit Erfolg angewandt worden seien. Es soll stets unvoreingenommen nach dem individuell angemessensten Mittel gesucht werden. Genausowenig sollte einer solchen Arznei, die mehrmals erfolglos eingesetzt wurde, in Zukunft mit Mißtrauen begegnet werden, da ihr Versagen lediglich auf eine unkorrekte Wahl durch den Arzt zurückzuführen sei. (§§ 221, 222).

So weit die Ausführungen im Organon. Wie Hahnemann das praktische Vorgehen vollzog, verdeutlichte er in zwei Beispielen, die er im 2.Teil der RA veröffentlichte [50]. Eines davon, nämlich das von der Lohnwäscherin *Schubertin*, gebe ich im folgenden wortgetreu wieder. Diese Kasuistik stammt aus dem Jahre 1815 und fällt also mitten in den Zeitraum der Behandlung von Friedrich Wieck. Mit Hilfe dieses Fallbeispiels läßt sich in hervorragender Weise Hahnemanns Methodik der Arzneiwahl exemplifizieren. Anschließend werde ich versuchen, diese Methodik bei der Auswahl von Arzneien, die Wieck verordnet wurden, nachzuvollziehen.

„Sch ..., eine etliche und 40jährige kräftige Lohnwäscherin, war schon drei Wochen außer Stande, ihr Brod zu verdienen, da sie mich den 1. Sept. 1815 zu Rathe zog.

1. Bei jeder Bewegung, vorzüglich bei jedem Auftreten, und am schlimmsten bei jedem Fehltritte, sticht es sie in der Herzgrube, wohin es jedes Mal aus der linken Seite kömmt, wie sie sagt.

2. Im Liegen ist es ihr ganz wohl, dann hat sie gar keinen Schmerz irgendwo, auch weder in der Seite, noch in der Herzgrube.

3. Sie kann nicht länger als bis um 3 Uhr früh schlafen.

4. Die Speisen schmecken ihr, aber wenn sie etwas gegessen hat, so wird es ihr brecherlich.

5. das Wasser läuft ihr dann im Munde zusammen und aus dem Munde, wie Würmerbeseigen.

6. Es stößt ihr nach jedem Essen vielmal leer auf.

7. Sie ist von heftigem, zu Zorn geneigtem Gemüthe.

Bei starkem Schmerze überläuft sie Schweiß.

Ihre Monatszeit war vor 14 Tagen in Ordnung geflossen.

Die übrigen Umstände waren natürlich.

Was nun das Symptom 1. anlangt, so machen zwar **Belladonna, China** und **Wurzelsumach** Stiche in der Herzgrube, aber alle drei nicht **blos bei Bewegung**, wie hier. **Pulsatille** (305.) macht zwar auch Stiche in der Herzgrube beim Fehltreten, aber in seltner Wechselwirkung) und hat weder dieselben Verdauungsbeschwerden, wie hier 4, verglichen mit 5 und 6, – noch dieselbe Gemüthsbeschaffenheit.

Blos **Zaunrebe** hat in seiner Hauptwechselwirkung, wie das ganze Verzeichniß seiner Symptome beweißt, von **Bewegung** Schmerzen, und vorzüglich stechende Schmerzen, und so auch Stiche (in der Herzgrube) unter dem Brustbeine beim Aufheben des Arms (217), bei Fehltritten aber erregt sie auch an andern Stellen Stechen (252, 293).

Das hiezu gehörige negative Symptom 2 paßt vorzüglich auf **Zaunrebe** (321); wenige Arzneien (etwa **Krähenaugen** ausgenommen und **Wurzelsumach** in seltner Wechselwirkung – die beide aber auf unsre übrigen Symptomen nicht passen) lassen die Schmerzen in Ruhe und im Liegen gänzlich schweigen, **Zaunrebe** aber vorzüglich (321 und viele andre Zaunreben-Symptomen).

Das Symptom 3 ist bei mehrern Arzneien, und auch bei **Zaunrebe** (357).

Das Symptom 4 ist zwar, was die „Brecherlichkeit nach dem Essen" anlangt, bei mehrern andern Arzneien (**Ignazsaamen, Krähenaugen, Quecksilber, Eisen, Belladonna, Pulsatille, Kanthariden**) aber theils nicht so beständig und gewöhnlich, am wenigsten aber „bei Wohlgeschmack der Speisen" vorhanden, wie bei der **Zaunrebe** (116).

In Rücksicht des Symptoms 5, so machen zwar mehrere Arzneien ein Zusammenlaufen des Speichels, wie Würmerbeseigen, eben sowohl als **Zaunrebe** (118); jene andern aber bringen nicht unsre übrigen Symptome zugleich in Aehnlichkeit hervor. Daher ist ihnen die **Zaunrebe** in diesem Stücke vorzuziehen.

Das **leere** Aufstoßen (blos nach Luft) nach dem Essen (Symptom 6,) ist bei wenigen Arzneien vorhanden und bei keiner so beständig, so gewöhnlich und in so hohem Grade, als bei der **Zaunrebe** (102, 108).

Zu 7. – Eins der Hauptsymptome bei Krankheiten (s. Org. d.r.H.§.216) ist die „Gemüthsbeschaffenheit", und da **Zaunrebe** (406) auch dieses Symptom in voller Aehnlichkeit vor sich erzeugen, so ist **Zaunrebe** aus allen diesen Gründen hier jeder andern Arznei als homöopathisches Heilmittel vorzuziehen."

Der Originaltext der Konsultation findet sich im Krankenjournal 13, S. 294. Die Transkription ist im Anhang meiner Arbeit auf S. 155 nachzulesen. Bei einem Vergleich des Originals mit dem in der RA dargestellten Wortlaut ergeben sich ein paar nicht allzu bedeutende Unterschiede. Die im Original zu findenden Zahlen stellen Symptomennummern dar, unter denen das in der Kasuistik vorkommende Symptom bei dem Arzneimittel Bryonia alba in ähnlicher Weise als Prüfungssymptom der RA I, 2.Teil aufgeführt ist. Diese Hinweise notierte Hahnemann sich üblicherweise nicht in seinem Journal. Es ist naheliegend anzunehmen, daß er dies im Rahmen seiner Vorbereitung zur Veröffentlichung dieser Kasuistik vorgenommen hat.

Da man unmöglich sämtliche Arzneimittelprüfungssymptome im Gedächtnis behalten kann, erleichert man sich in der Homöopathie mit Nachschlagewerken, den Repertorien, die Arbeit. In ihnen sind die Symptome nach einem bestimmten Schema geordnet, und zu jedem Symptom finden sich Hinweise auf ein oder mehrere Mittel. Das erste Repertorium schuf Hahnemann, das er als „Pars Secunda" seiner noch in lateinischer Sprache verfaßten Arzneimittellehre, den 1805 herausgegebenen „Fragmenta" anfügte. Später erstellte er dann auch deutschsprachige Repertorien, allerdings nur für den privaten Gebrauch.

Im folgenden habe ich den Versuch unternommen, die Arzneiwahl von Hahnemann bei der Behandlung von F.Wieck anhand
von zwei Mitteln nachzuvollziehen, nämlich einem, das eine positive Wirkung entfaltete und einem, das als Fehlgriff anzusehen ist.
Für eine derartige Betrachtung eignen sich freilich nur solche Mittel, zu denen Hahnemann im Jahre 1815 Symptomensammlungen
besaß, welche uns auch heute noch vorliegen.

Wenden wir uns zunächst einer Verordnung mit positivem
Effekt zu. Alle vorgenannten Bedingungen werden von Nux
vomica erfüllt, an dem Hahnemann am 31.Januar 1815 riechen läßt.
Davor hatte Wieck zuletzt am Vormittag des 27. Januar eine arzneiliche Substanz, nämlich China officinalis, eingenommen. Somit ist
die gesamte seit diesem Zeitpunkt bis zur Gabe von Nux vomica
zu beobachtende Symptomatik in die Überlegungen mit einzube-
ziehen.

Es folgt eine Gegenüberstellung der Wieck-Symptome mit korrespondierenden Prüfungssymptomen von Nux vomica, entnom-
men aus der RA I, 1. Aufl., S. 80 – 139, dabei sind letztere mit der
Originalnumerierung versehen:

„jedesmal früh Erektionen auch nach gutem Schlaf" (S. 120)
„Steifigkeit der Ruthe nach dem (Mittags-)schlafe" Nr. 429

„das im Fuß nennt er Spannung und Lähmung" (S. 118)
„und Spannen in der Zeh ward schlimmer..." (S. 120)
   „Spannen und Steifigkeit in den Gliedern." Nr. 684

„etwas Gehen und Essen macht schnell Schlaf" (S. 118)
   „Große Müdigkeit des ganzen Körpers, während dem
   Spazieren in freier Luft." Nr. 704
   „Nach dem Essen mehrstündige, kaum bezwingliche
   Schläfrigkeit." Nr. 726

„Schlaf unterbrochen durch Zucken durch den ganzen Körper"
(S. 119)
   „Schreckhaftes Zusammenfahren im Schlafe, so daß man
   nicht bis zur völligen Besinnung erwacht." Nr. 732

„kann sich heute nicht erwärmen" (S. 117)
   „Kann sich nicht erwärmen." Nr. 767

„weniger Nervenschwäche wenn er Jücken hat, ein brennendes Jücken, beissend und fressend" (S. 119)

„... dann kam das Jücken" (S. 120)

„jezt fängt das Jücken wieder an, und da erwartet er keinen Anfall" (Ebd.)

„Brennendes Jücken über den ganzen Körper." Nr. 815

„Mislaunig und eigensinnig überreitzt, unruhig" (S. 119)

„Mürrische Unruhe; scheint von einem Gefühl von Unruhe in den Eingeweiden des Unterleibes zu entspringen." Nr. 875

„den ganzen Vormittag auf Cinch Verdrießen" (S. 118)

„Niedergeschlagen verdrießlich." Nr. 889

„gleich in und nach dem Schmerz Phantasie sehr gereitzt" (S. 117)

„drängen sich mehrere Ideen untereinander – sucht sich zu beherrschen" (S. 119)

„Wegen eines übermäßigen Ideenschwalles seiner kaum bewußt, früh nach dem Aufstehen." Nr. 907

Wenngleich für manch andere Beschwerden nur unbefriedigende Entsprechungen von Nux vomica zu finden sind (z.B. anfallsartige Wangenschmerzen, Nervenschwäche) und sich einige sehr spezifische Symptome, wie die Unruhe in der rechten Großzehe oder die Kälte der Nase vor einem Schmerzanfall, in der RA überhaupt nicht wiederfinden, kann doch festgestellt werden, daß Nux vomica eine ziemlich gut passende Arznei ist, zumal berücksichtigt werden muß, daß die Arzneimittellehren zum damaligen Zeitpunkt noch recht unvollständig waren. Daß Hahnemanns Wahl nicht schlecht war, zeigt die Besserung Wiecks in den nächsten Tagen.

Ganz im Gegensatz dazu entpuppte sich Bryonia alba, an dem Wieck am 6.Februar 1815 riecht, als eindeutiger Fehlgriff. Davor war zuletzt am 31. Januar eine Arznei gereicht worden, ebenfalls zum Riechen. Somit ist die Symptomatik vom 1. bis 6. Februar für die Mittelwahl von Relevanz.

Es folgt wiederum eine Gegenüberstellung der Wieck-Symptome mit korrespondierenden Prüfungssymptomen. Diese finden sich für Bryonia alba in der RA II, 1.Aufl., S. 366-396.

„heute früh ein Schwindel mußte sich legen..." (S. 121)
„Schwindel" Nr. 1

„heute Rucken in der rechten Hüftgegend" (S. 120)
„Schmerz in dem Hüftgelenke, wie Rucke oder Stöße, wenn sie liegt oder sitzt, beim Gehen wird's besser" Nr. 250

„allgemeines Jücken nachgelassen, blos heute Mittag ums Knie" (S. 120)
„Ein Jücken, wie wenn etwas heilen will, in der Kniekehle und Schweiß an dieser Stelle, die Nacht." Nr. 263

„...seit dem immer jückende Blüthchen an der rechten Hüfte" (S. 121)
„Es kommen Blüthchen am Unterleibe und auf den Hüften hervor, welche brennend jücken und wenn sie kratzt, so erfolgt Schrinnen" Nr. 299

„schwitzt leicht beim Gehen" (S. 122)
„nicht leicht heute beim Gehen geschwitzt" (Ebd.)
„Er schwitzt beim Gehen in kalter Luft über und über" Nr. 395

„große Nervenschwäche" (S. 121)
„ängstlich" (S. 122)
„Sehr reitzbares, zu Schreck, Furcht und Aergerniß sehr aufgelegtes Gemüth." Nr. 405

„dann 4 ½ Uhr Anfall   essen half" (S. 121)
„heute ein einziger Anfall um 3 Uhr   allemal halfen Essen" (S. 122)
„heute um 10 ½ 3 und 4 ½ Uhr in der rechten Backe   doch hilft Essen" (Ebd.)
„In der Ruhe und vorzüglich im Bette, ein ungeheurer Zahnschmerz, welcher durch Kauen sich minderte." Nr. 28 unter den „Beobachtungen Andrer"

Heißhunger und nächtliche Unruhe finden sich auch bei Bryonia, doch paßt die weitere Beschreibung der Prüfungssymptomatik nicht für Wiecks Beschwerden, auch das Auswerfen von Schleim findet sich in dieser Form nicht in der RA.

Das in der RA hervorgehobene Symptom Nr.395 scheint von Hahnemann vorrangig berücksichtigt worden zu sein, was durchaus verständlich ist. Auch die Symptome Nr.250, 263, 299 und 405 zeigen Ähnlichkeit und sprechen für Bryonia. Das unter den „Beobachtungen Andrer" aufgeführte Symptom Nr.28 ist dagegen mit Zurückhaltung zu betrachten, da Hahnemanns eigene Eintragungen Nr.69 und 71 gerade das Gegenteil ausdrücken, daß nämlich Zahnschmerzen durch Essen ausgelöst werden. Insgesamt finden die Zahn- und Gesichtsschmerzen bei Bryonia keine guten Entsprechungen, genauso wenig die Nervenschwäche.

Welche Gedankengänge Hahnemann zur Verordnung von Bryonia alba führten, wissen wir nicht, aber ein gutes Simile war es gewiß nicht, so daß die spürbar negative Wirkung am nächsten Tag mit dem Auftreten neuer Symptome nicht überrascht (S. 123 f.). Eine Überprüfung weiterer Mittel erscheint sinnvoll, würde aber den Rahmen dieser Arbeit sprengen.

5.3.2.3 Oral verabreichte Mittel

Als erstes möchte ich die Frage erörtern, in welcher Form F. Wieck seine Arzneien gereicht bekam. Während Hahnemann am Anfang seiner homöopathischen Zeit die Mittel in flüssiger Form abgab, ging er allmählich dazu über, Milchzucker als Träger der arzneilichen Substanz einzuführen, der wiederum teilweise auch in Flüssigkeit, mit ziemlicher Gewißheit Wasser, einzunehmen war. Die letzte Art der Verordnung findet sich bei Wieck zweimal. Soweit die Aufzeichnungen Auskunft darüber geben, sind alle übrigen oralen Gaben ohne Flüssigkeit eingenommen worden. Davon wurden drei Mittel (Cinchona calisaya, Sulphur und Hepar sulphuris) mit Milchzucker als Trägerstoff in pulverisierter Weise verordnet, zu den übrigen fehlen genauere Angaben. Als zweite Möglichkeit kämen nämlich noch Milchzucker-Streukügelchen, die mit Arzneiverdünnung benetzt wurden, in Betracht, da Hahnemann diese damals ebenfalls schon in seiner Therapie verwendete, wie aus einem Brief an Dr. *Stapf* im Jahre 1814 hervorgeht:

> „... da wird ein Kügelchen mit beigehender verdünnter Auflösung (decilliontel) befeuchtet, Wunder thun mit Gewißheit." [51]

Ein teilweiser Gebrauch der Milchzuckerglobuli auch bei Wieck im Rahmen der oralen Mittelgaben ist somit als sehr wahrscheinlich anzusehen, wenngleich entsprechende Vermerke in den Journalen nicht vorhanden sind.

Eine in der Homöopathie ganz entscheidende Frage, an deren Beantwortung Hahnemann bis zu seinem Tode gearbeitet hat, ist die der optimalen Potenzen der Arzneimittel. Deshalb interessiert bei der Betrachtung der an Wieck oral verabreichten Mittel dieser Punkt besonders.

Leider hat Hahnemann uns dazu mit Ausnahme vom 10.Januar 1816 („ ♀ emet. 1/600000 med.$_3$“; S. 153) in seinen Aufzeichnungen keine Informationen gegeben. Das spricht dafür, daß er zu jener Zeit für jede Arznei eine oder mehrere feststehende Verdünnungen verwendete, die sich in der Vergangenheit als besonders wirksam erwiesen haben, und daß er nur noch solche notierte, die davon abwichen. Die Praxis, den Grad der Verdünnung der einzelnen Mittel im Journal niederzuschreiben, hatte Hahnemann schon lange vorher aufgegeben, nämlich im Verlauf des Krankenjournals Nr. 5 (1803-1806) [52]. Es wäre sicher falsch anzunehmen, die im Journal Nr.5 zuletzt angegebenen Potenzen seien die in der Folgezeit und somit auch 1815/16 verwendeten. Wie oben schon angedeutet, war Hahnemann stets auf der Suche nach einer Vervollkommnung seiner Therapieform, und er hat infolgedessen auch viele Veränderungen vorgenommen. So ist sicher anzunehmen, daß sich in einem Zeitraum von ca. 10 Jahren auch in der Frage der Potenzen manches bewegt hat. Vielmehr müssen wir in seiner schriftlichen Hinterlassenschaft, die aus der Zeit um die Jahre 1815/16 stammt, diesbezügliche Informationen suchen.

In diese Richtung weist uns auch Hahnemann selbst in einer Anmerkung zum § 305 im Organon II:

„Meine Bemühungen haben hierin (den Verdünnungen; d. Verf.) den homöopathischen Aerzten schon vorgearbeitet und ihnen Tausende von Selbstversuchen erspart durch die Angaben der nöthigen Verdünnung einiger Arzneien zu homöopathischem Gebrauche, in den **Vorworten** zu den Arzneien in der **reinen Arzneimittellehre**, vorzüglich den lezten drei Theilen; wiewohl ich bei einigen Arzneien mit der Verdünnung seitdem noch tiefer herabzusteigen durch neuere Erfahrungen genöthigt worden bin, um der Vollkommenheit in dieser unübertrefflichen Heilkunst mich noch mehr und möglichst zu nähern." [53]

Folgen wir also seinem Ratschlag und schauen in der RA nach den von ihm empfohlenen Verdünnungsgraden, welche dann auch bei Wieck verwendet worden sein dürften. Vorweg aber noch einige wichtige Erläuterungen. So sei darauf hingewiesen, daß Hahnemann in der RA nicht etwa nur eine Verdünnungsstufe zu jeder Arznei angibt, die dann bei jedem Patienten gleichermaßen anzuwenden ist, sondern es besteht sehr wohl ein oft nicht geringer Spielraum, in dessen Rahmen je nach Patientenkonstitution variiert werden kann. Dies verdeutlicht uns Hahnemann in zwei Patienten-Beispielen in der RA, von denen uns die Patientin Schubertin bereits von S. 69 ff. bekannt ist. Die Frage der Verdünnung beantwortet er bei ihr so:

„Da nun das Weib sehr robust war, folglich die Krankheitskraft sehr beträchtlich seyn mußte, um sie durch Schmerz von aller Arbeit abzuhalten, auch ihre Lebenskräfte, wie gedacht, nicht angegriffen waren, so gab ich ihr eine der stärksten homöopathischen Gaben, einen vollen Tropfen ganzen Zaunrebenwurzel-Saftes sogleich einzunehmen..." [54]

Anders dagegen der zweite Fall:

„Dieser Kranke konnte also durch nichts leichter, gewisser und dauerhafter geheilt werden, als durch die hier homöopathische Pulsatille, die er dann auch sogleich, aber seiner Schwächlichkeit und Angegriffenheit wegen nur in einer sehr verkleinerten, d.i. einen halben Tropfen des Quadrillionstels eines starken Tropfens Pulsatille, erhielt." [55]

Auf F.Wieck bezogen bedeutet dies, daß sich Hahnemann für die höheren Verdünnungsstufen entschieden haben wird.

Schließlich sei noch darauf hingewiesen, daß Hahnemann seine Verdünnungen mit Weingeist nach dem Centesimalsystem herstellte, d.h. in Stufen von 1:100. Eine Auflistung der Namen der höheren Verdünnungsstufen findet sich im Anhang auf Seite 161.

Nun zu den einzelnen, Friedrich Wieck zur oralen Therapie verordneten, Arzneien, die ich in der Reihenfolge besprechen werde, wie sie in der RA aufgeführt werden.

Hinsichtlich der Verdünnung von Nux vomica gibt uns die RA erst in der 2. Auflage (1822) Auskunft. Dort empfiehlt Hahnemann die 30. Verdünnung [56]. Im Jahre 1812, so schreibt Haehl, gebrauchte Hahnemann bei einer Wechselfieberepidemie noch die 9. Centesimalverdünnung [57]. Da seine Tendenz stets zu immer höheren Verdünnungen ging, ist ein kontinuierlicher Übergang von der 9. Centesimale im Jahre 1812 zur 30. im Jahre 1822 anzunehmen, so daß Wieck eine dieser oder eine dazwischen liegende Stufe erhalten haben wird.

Arsenicum album wird 1816 von Hahnemann in der 12., 18. und vor allem der 30. Centesimale empfohlen [58]. Bei Wieck hat er die mittlere („med."), also möglicherweise die sextillionste Centesimalverdünnung verordnet.

Weniger konkret äußert er sich zu Pulsatilla pratensis. Sie kann „selten bei sehr robusten Kranken chronischer Art auf einen ganzen Tropfen des starken Saftes, bei akuten Uebeln aber, und bei großer Angegriffenheit, ... nach den Umständen bis zum Quadrilliontel eines starken Tropfens" [59] gegeben werden. Wieder erhielt Wieck eine mittlere Stärke, die Gabe wird also im Bereich der 6. bis 9. Verdünnung gelegen haben.

Auch bei Rhus toxicodendron legt Hahnemann eine Spanne von einem Tropfen des Saftes bis hin zu einer Verdünnung von einem Quadrilliontel oder Quintilliontel je nach Beschaffenheit der Krankheit und des Patienten fest [60]. Auch dieses Mittel nahm Wieck in einer mittleren Verdünnung, also wie Pulsatilla zwischen der 6. und 9. Centesimale.

Hahnemann bezeichnet für China officinalis die quadrillionfache Verdünnung als Optimum [61]. Diese wird Wieck zweimal erhalten haben, die dazwischen liegende Verordnung mit dem Vermerk „med." weist wiederum in den Bereich der 6.-9. Centesimale.

Scilla maritima sollte in einer Verdünnung von Quintilliontel oder Sextilliontel verordnet werden [62]. „Med." bezeichnet also diesmal eine Verdünnung von der Größenordnung Quintilliontel.

Wieder etwas tiefer hat die Verdünnung von Veratrum album gelegen, die Hahnemann in der 12. Centesimale als optimal ansieht [63]. „Med." wird demnach eine trillionfache Verdünnung gewesen sein.

Schwefel, das er in Pulverform reichte, wurde in relativ hoher Konzentration, nämlich in der Größenordnung von 1/10000 Gran (1 Gran = 0,062 Gramm) gegeben [64]. Die Zubereitung verlief dergestalt, daß „ein Theil Schwefel mit 10000 Theilen Milchzucker allmählig, innig und stark zusammengerieben" [65] wurde.

In ähnlicher Dosierung dürfte auch Hepar sulphuris verordnet worden sein, allerdings äußert sich Hahnemann in der meine Untersuchung betreffenden Zeit in den mir bekannten Quellen nicht zu dieser Frage. Ebenso wenig ist in der Literatur zu Coffea cruda und Tartarus emeticus zu erfahren. Die verwendete Verdünnung von Tartarus emeticus im Falle Wieck ist uns allerdings aus den Journalaufzeichnungen bekannt.

5.3.2.4 Riechen an Arzneien

Neben der Tendenz, höchste Verdünnungen der Arzneimittel zu verwenden, war das Riechenlassen eine andere jener Besonderheiten in Hahnemanns Therapie, die sie in allopathischen Kreisen so umstritten sein ließ. Voraussetzung für diese Therapievariante ist natürlich, daß die Atmungsorgane zur Resorption geeignet sind. Dies bejaht er im § 257 Organon I:

> „Indessen ist auch die innere Nase (die Lungen)... nicht viel weniger empfänglich für ihre Einwirkung, ... als wenn die Arznei durch den Mund eingenommen worden wäre." [66]

Das Riechenlassen gehörte schon im Krankenjournal Nr. 6 zu Hahnemanns therapeutischem Repertoire [67], und somit verwundert es nicht, daß auch bei Friedrich Wieck diese Form der homöopathischen Therapie zu 13% angewandt wird.

Leider fehlen Informationsquellen, aus denen Hahnemanns Vorgehen beim Riechenlassen in jener Zeit rekonstruiert werden könnte. Erst für das Jahr 1833 ist Genaueres zu erfahren. So teilt uns Haehl mit, daß die Streukügelchen, an denen gerochen wurde, mit der 30.Centesimalverdünnung einer Arznei befeuchtet waren [68]. Im gleichen Jahr beschreibt Hahnemann die Praxis des Riechenlassens im Organon V [69]. Danach lag ein einzelnes Streukügelchen als Träger der jeweiligen Arznei in einem kleinen Fläschchen, das der Arzt dem Patienten zunächst an ein Nasenloch hielt und, wenn die Gabe etwas größer sein sollte, auch an das andere. Ferner konnte die Dosis dadurch modifiziert werden, daß „mehr oder weniger stark" [70] an dem Fläschen gerochen wurde. Anschließend wurde das Fläschchen wieder verschlossen und konnte über viele Jahre weiter verwendet werden. In Ausnahmefällen, z.B. wenn die Patienten weit entfernt wohnten, gab er ihnen auch ein Riechfläschchen mit oder schickte es ihnen zu. – Da, wie gesagt, diese Verfahrensweise dem Jahre 1833 zuzuordnen sind, lassen sich daraus nur bedingt Rückschlüsse auf das Vorgehen bei Wieck ziehen, vor allem hinsichtlich der benutzten Arzneiverdünnung.

Während Hahnemann dem Arznei-Riechen in späterer Zeit eine dominierende Position in seiner Therapie zuordnete, spielte dies in den von mir betrachteten Jahren eine zweitrangige Rolle. Hahnemann experimentierte noch, und er gab keine grundsätzliche Stellungnahme zu diesem Thema ab. So fällt es schwer, festzulegen, was er sich beispielsweise bei Wieck davon versprach, wenn er Rhus toxicodendron einmal riechen, ein anderes Mal einnehmen läßt. Wiederum erst im Jahr 1833 ist dann nachzulesen, daß Hahnemann vom Riechenlassen die „sicherste und kräftigste" [71] Wirkung der Mittel erwartete. Diese Erkenntnis hatte er aber erst vor kurzem gewonnen:

„in der lezten Hälfte dieses Jahres bin ich aber zur Überzeugung gelangt (was ich vorher Niemand geglaubt haben würde), daß dieß Riechen die Kraft der Arznei auf diese Weise, **wenigstens** in gleichem Grade von Stärke und zwar noch ruhiger und doch ebensolange auf den Kranken ausübt, als die durch den Mund genommene Gabe Arznei,..." [72]

Zuvor scheinen seine Gedankengänge anders gewesen zu sein, so daß es durchaus möglich ist, daß er, wie gelegentlich angenommen wurde, das Riechenlassen im Sinne einer weiteren Verdünnung auffaßte, die vorrangig sehr reizbaren Patienten verordnet werden sollte. Wieck wäre ein solcher Patient von großer Irritabilität gewesen. Allerdings haben die ihm zum Riechen gereichten

Arzneien keine besondere Hilfe gebracht, sie waren ganz im Gegenteil durchweg ein Fehlschlag.

Als Beispiel dafür sei noch einmal das schon im Kapitel 5.3.2.2 behandelte Bryonia alba, das am 6.Februar verordnet wurde, erwähnt. Nach dessen Gabe fehlte nicht nur eine positive Wirkung, sondern es zeigten sich sogar neue Symptome, die in der zu diesem Zeitpunkt im Wesentlichen fertiggestellten RA II, 1.Aufl., S.366-396, schon erwähnt sind (deshalb fehlt das Zeichen „NB" in den Journal-Notizen):

„gerade beim Essen den Anfall bekommen" (S. 123)
„besonders wenn er warmes in den Mund bekömmt, ists schlimm" (Ebd.)
„Beim Essen entsteht ein (bis in die Halsmuskeln herab fahrendes) reißend stechendes Zahnweh, was sich vorzüglich vom Warmen verschlimmert." Nr. 71

„heute und gestern dreimal durchfällig" (S. 123)
„heute Reitz zum Stuhle ohne Erfolg" (S. 124)
„Stuhl zweimal täglich; nach einigen Tagen Leibverstopfung." Nr. 153

„auch in beiden Armen ein nervöses Reißen und in dem übrigen Körper ein Pochen in den Adern..." (S. 123)
„Ein nervöses Reißen im Innern der Arme herab." Nr.233
„(Ein schmerzhaftes Pochen in den Adern am ganzen Körper.)" Nr. 296

Die Beobachtung dieser neu entstandenen Beschwerden ist nicht nur deshalb interessant, weil sie die Fehlentscheidung Hahnemanns deutlich machen, sondern auch, weil sie für eine Wirksamkeit des Riechenlassens sprechen, obwohl das Versagen dieser Therapievariante bei Wieck eigentlich an das Gegenteil denken läßt.

5.3.2.5 Magnetismus

Genauso wie das Riechen an Arzneien findet auch der Magnetismus in der Homöopathie der Gegenwart keine Berücksichtigung mehr. In Hahnemanns Therapie dagegen ist er fester Bestandteil gewesen und trägt mit knapp 8% auch zur Behandlung von Friedrich Wieck bei.

Dem Magnetismus, der wie alle anderen Mittel nach dem Prinzip der Symptomenähnlichkeit therapeutisch von Hahnemann genutzt wurde, widmet er weder in der ersten noch in der zweiten Ausgabe des Organon einen eigenen Paragraphen. Lediglich eine Anmerkung zum § 247 der 1. Ausgabe zeigt, daß er sich des Einflusses, den ein Stahlmagnet auf das Befinden eines Menschen ausüben kann, sehr wohl bewußt war:

> „Und was geht über die mächtige Gegenkrankheitspotenz, die der Stahlmagnet nach der vereinigten Beobachtung einer großen Menge scharfsichtiger und redlicher Beobachter in einer Menge von Krankheiten klärlich bewiesen hat?" [73]

Daß er in der 2. Ausgabe in der Anmerkung zum § 305 deutlich knapper dazu Stellung nimmt, ist schwer zu verstehen. Warum diese offensichtliche Zurückhaltung in seinem Grundlagenwerk? Eine Unsicherheit hinsichtlich der Wirksamkeit und der Anwendungsweise des Magnetismus kann es eigentlich nicht gewesen sein, denn im Jahre 1816 gibt Hahnemann in der RA eine genaue Einführung in den Magnetismus samt ausführlichem Symptomenverzeichnis [74]. Da die Anfertigung jenes Buches genau in die Zeit der Behandlung von Wieck fällt, können wir uns eine gute Vorstellung darüber verschaffen, wie bei ihm die Magnetismus-Therapie abgelaufen sein wird. Hahnemanns Erfahrung nach war ein Magnetstab von 18 Zoll Länge (1 Zoll = 2,5 cm) und der Fähigkeit, an jedem Pol (Nord-/Südpol) ein viertel Pfund zu ziehen, für die homöopathische Anwendung ausreichend. Er gibt zudem explizite Anweisungen, wie 8 – 10 Zoll lange Stahlstäbchen durch ein magnetisches Hufeisen magnetisch gemacht werden können mit dem Zweck, sie an Patienten zu verschicken. Wahrscheinlich hatte auch Wieck ein derartiges Stahlstäbchen in seinem Besitz, da es Hinweise gibt, daß er sich gelegentlich selbst magnetisch therapierte (s. S. 60 f.).

Hahnemann differenziert zwischen drei verschiedenen Anwendungsmöglichkeiten des Magnetstabes. Einmal kann man durch

Berühren beider Pole zugleich eine Wirkung erzielen oder durch Kontakt nur des Nord- bzw. Südpols. Seine weiteren Ausführungen lassen auf eine eindeutige Bevorzugung der isolierten Anwendung eines Poles schließen. Bei Wieck findet in jedem Fall der Nordpol Berücksichtigung, die Notiz „magnetisirt" (S. 137) könnte auf eine gleichzeitige Therapie durch beide Pole hindeuten, sofern dieser Begriff bewußt gewählt wurde und nicht nur eine allgemeine Umschreibung darstellt, nachdem nicht mehr festgestellt werden konnte, welcher Pol eigentlich benutzt wurde, z.B. nach der vermutlichen Heimanwendung Wiecks.

Die Einwirkdauer eines Magnetstabes sollte zwischen zwei und fünf Minuten liegen, die eines magnetisierten Stahlstäbchens drei bis acht Minuten, gelegentlich reicht ½ Minute [75]. Welche Dosierungen Hahnemann bei Wieck verwendete, ist aus den Krankenjournalen, abgesehen vom 24. April 1815 („Nord 3 Minuten" (S. 139)), nicht zu erfahren. Der 24. April ist auch der einzige Tag, an dem Hahnemann mit dem Magnetisieren bei Wieck Erfolg hatte.

5.3.2.6 Kritische Betrachtung der Arzneitherapie im engeren Sinn

Nachdem ich mit Ausnahme des Mesmerismus, der eine Sonderstellung einnimmt und deshalb getrennt betrachtet wird, die verschiedenen arzneilichen bzw. in arzneilichem Sinne wirkenden Therapien, die Friedrich Wieck zuteil wurden, erläutert habe, stelle ich wiederum eine Überprüfung dahingehend an, inwieweit sich Hahnemann, sofern nachvollziehbar, an seine eigenen Anweisungen hielt. Wie schon in vorigen Kapiteln gehandhabt, beziehe ich mich dabei auf die Paragraphen der 1. Auflage des Organon, sofern nichts anderes vermerkt ist.

Ein sehr wichtiger Aspekt in Hahnemanns Anschauungen ist das „Auswirkenlassen" der verschiedenen Arzneien. Entsprechend ausführlich und eindeutig sind seine Darlegungen im Organon.

In § 201 fordert Hahnemann, im Falle einer Besserung im Befinden des Patienten nach einer Arzneigabe so lange nichts Neues zu verordnen, wie die Gesundung fortschreitet; sofern dies zu beobachten ist, muß von einer noch vorhandenen Wirkung der Arznei ausgegangen werden. Diese Richtschnur ist umso wichtiger (§ 202), als die genauen Wirkzeiten der Arzneien nicht bekannt sind, sondern lediglich grobe Angaben existieren, also ob sie Stunden, Tage oder Wochen betragen.

In den §§ 206 und 207 bringt Hahnemann zum Ausdruck, daß, wenn eine Arznei ausgewirkt hat, was am Stillstand der Besserung zu beobachten ist, anschließend wegen ihrer bisher gezeigten positiven Wirkung dieselbe Arznei ohne große Überlegung keinesfalls noch einmal gegeben werden dürfe, sondern es muß zunächst überprüft werden, ob die übrig gebliebenen Symptome nach dem Ähnlichkeitsgesetz weiterhin optimal zu diesem Mittel passen, oder ob jetzt nicht vielleicht eine neue Arznei viel adäquater wäre. Anders ist die Situation, wenn man sich im Mittel vergriffen hat, und keine Besserung oder sogar eine Verschlimmerung im Befinden des Patienten zu beobachten ist. Dann (§§ 208 – 209) ist, vor allem bei „dringenden Krankheiten" [76], selbstverständlich nicht erst das Ende der Wirkungsdauer abzuwarten, sondern schon vorher eine andere, besser passende Arznei zu geben.

In § 210 weist Hahnemann speziell für den Fall chronischer Erkrankungen darauf hin, daß die Wiederholung desselben Mittels nur sehr selten angezeigt ist. Wenn aber doch, so ist es erforderlich, daß die Gabengröße mit jeder Verordnung kleiner wird (§ 212).

In den §§ 234 – 236 schließlich fordert er, immer nur ein Mittel isoliert zu geben und damit von der damals so verbreiteten Unsitte, mehrere Arzneien gleichzeitig miteinander zu vermischen, abzulassen.

Wie sah es mit der Realisierung dieser Vorschriften im Fall der Behandlung von F.Wieck aus? Hahnemanns erste eindeutige Verordnung am 26.Januar 1815 in Form von China officinalis (die Arznei wurde am 27.Januar eingenommen), deren Wirkdauer er im Fall einer kleinen Gabe in der RA grob auf „kaum ein Paar Tage" [77] angibt, läßt er vier Tage wirken, und man kann anhand der Notizen gut nachvollziehen, wie sich nach einer gewissen Besserung am 31.Januar wieder ein Abwärtstrend feststellen läßt, so daß Hahnemann eine neue Arzneigabe sinnvoll erscheint, nämlich das Riechenlassen an Nux vomica. Auch in dem jetzt folgenden Zwischenraum zur nächsten Arzneigabe kann die anfängliche Besserung und anschließende Verschlechterung mit neuer Verordnung gut verfolgt werden, und seine Vorgehensweise entspricht durchaus den Richtlinien, wie sie im Organon dargelegt sind. Auch die Wirkzeit von ca. 6 Tagen paßt zu seinen Angaben in der RA, wo von „bis auf fünfzehn Tage" [78] die Rede ist, allerdings sind hier auch größere Gaben mit eingeschlossen, deren Wirkdauer Hahnemann deutlich länger veranschlagte.

Das dann vollzogene Riechen an Bryonia alba läßt er nur 2 Tage wirken, obgleich nach der RA bei einer allerdings größeren Gabe bis zu mehreren Wochen vorgesehen sind [79]. Ganz offensichtlich hat diese Therapie keine positive Wirkung gehabt, sondern vielmehr die Krankheitssymptomatik verändert, ohne aber etwas an ihrem unangenehmen Charakter zu ändern. Somit war ein Mittelwechsel durchaus angebracht.

Die Entscheidung für das vormals erfolgreichere Nux vomica (Riechen) verwundert, denn schließlich stellt sich die Krankheit doch „ganz anders" (S. 123) dar. Hat Hahnemann hier vielleicht auf den früheren Erfolg des Mittels hoffend dieses einfach nochmals gereicht? In jedem Fall handelt es sich um eine auch hier erfolglose Verordnung, die er schon 3 Tage später durch die orale Gabe von Veratrum album zu korrigieren sucht. Doch auch nach dieser Arznei weiß Wieck am nächsten Tag nur Schlechtes zu berichten, so daß Hahnemann sich schon wieder zum Mittelwechsel entscheidet, und zwar zugunsten von China officinalis. Dies läßt er 16 Tage wirken. Leider ist es schwer zu beurteilen, warum er so lange nichts Neues gab, da die in der Zwischenzeit zu beobachtende Besserung auch durch das mehrmals erfolgte Mesmerieren hervorgerufen worden sein kann.

Das danach verordnete Riechen an Rhus toxicodendron, dessen Wirkung bei großen Gaben über mehrere Wochen gehen kann [80], läßt er sehr lange wirken. Erst am 24. März, als die Gesundung von Wieck keine weiteren Fortschritte mehr macht, läßt er erneut Rhus toxicodendron riechen, dessen Wirkzeit sich wegen der in den nächsten Konsultationen unklaren Angaben zur Anwendung vom Magnetismus nicht bestimmen läßt.

Etwas übereilt und nicht ganz im Sinne des Organon scheint das am 9. April erfolgte Magnetisieren zu sein, nachdem erst am Vortag Oleum martis gerochen wurde. Zwar notiert er sich am 10. April „keine Wirkung von ♂ riechen" (S. 137), aber von einer Verschlechterung ist auch nicht die Rede, und da dieses Mittel eine relativ lange Wirkungsdauer hat [81], und es sich hier um eine chronische, also nicht ganz dringliche Krankheit handelt, ist der Mittelwechsel nach einem Tag wohl zu früh gewesen. Allerdings muß man einschränkend feststellen, daß das Magnetisieren nicht eindeutig als Entscheidung Hahnemanns zu identifizieren ist, sondern daß es sich auch um eine Selbstmedikation Wiecks gehandelt haben kann, der ja, wie schon besprochen, wahrscheinlich im Besitz von magnetisierten Stahlstäbchen war.

Das Magnetisieren, das bei einer starken Gabe bis zu 10 Tagen wirken kann [82], wird am 16.April durch Riechen an Rhus toxicodendron abgelöst. Darauf erfolgte am 24.April Magnetisieren mit dem Nordpol, welches am 6.Mai wiederholt wird. Obwohl es ihm nicht ganz gut bekam, wird dasselbe am nächsten Tag noch einmal praktiziert, was ganz eindeutig im Widerspruch zu den Vorschriften im Organon steht, aber auch hier scheint es sich wieder um eine eigenmächtige Handlung Wiecks gehandelt zu haben, wie aus dem zeitlichen Zusammenhang zu folgern ist. Da auch von dieser Applikation keine gute Wirkung ausgeht, ist die Verordnung von Coffea cruda verständlich.

Die Behandlung der Hepatitis beginnt am 14.Dezember 1815 mit Scilla maritima. Daß bereits zwei Tage später Rhus toxicodendron verordnet wird, obwohl Scilla maritima bis zu 14 Tagen wirken kann [83] und sich nach dessen Gabe eine, wenn auch geringfügige Besserung zeigt, ist schwer zu begreifen. Hier scheint, nach den schriftlichen Aufzeichnungen, etwas mehr Geduld angebracht gewesen zu sein. Wesentlich sinnvoller wäre eigentlich ein Mittelwechsel am 18.Dezember gewesen, wo sich nicht nur keine Wirkung, sondern sogar eine Verschlimmerung zeigt. Da aber bleibt eine neue Verordnung aus.

Ganz im Einklang mit Hahnemanns Vorschriften liegt dann wieder das Verfahren mit Arsenicum album, dessen Wirksamkeit nach der RA bei kleinen Dosierungen einige Tage beträgt [84]. Am 21. Dezember gegeben, wird es am 25.Dezember (verordnet am 24. Dezember) durch Hepar sulphuris abgelöst, nachdem sein positiver Einfluß deutlich nachgelassen hat. Bereits einen Tag später wird dies durch Nux vomica ersetzt, da Hahnemann den Verdacht hat, daß einige Symptome durch Hepar sulphuris neu hervorgerufen worden sind.

Am 28. Dezember ist China officinalis das neue Mittel, obwohl auf Nux vomica keine Verschlechterung resultierte. Auch diese Verordnung wirkt etwas überhastet. Das gleiche gilt für Pulsatilla am 30. Dezember, vor allem wenn man die Notizen bezüglich der Gelbsucht liest. 9 Stunden nach der Einnahme von China schreibt er am 28. Dezember: „weniger gelb jezt um 11 Uhr als vor China" (S. 149) und am 30. Dezember: „Gelbsucht fast ganz weg" (S. 150). Da wäre doch ein gewisses Zuwarten und Beobachten der Symptome Hahnemanns Regeln angemessener gewesen. Und auch Pulsatilla darf nicht lange wirken. In der RA immerhin in seiner Wirksamkeit auf 10 – 12 Tage bei größerer Gabe veranschlagt [85], hat es bei Wieck schon nach drei Tagen ausgedient, obwohl es ihm zunehmend besser geht. Hat Hahnemann denn dem Symptom „vorige Nacht erst wild geträumt, dann aufgewacht in heftigem Jücken dann Schweiß" (S. 151) so große Bedeutung beigemessen, daß er einen abermaligen Mittelwechsel für notwendig hielt?

Schließlich folgt ein Intervall von immerhin 5 Tagen, in denen Sulphur wirken kann. Auf die erneute Verordnung, Rhus toxicodendron zu riechen, haben sich, so vermutet Hahnemann, neue Symptome entwickelt, so daß der Wechsel zu Tartarus emeticus, dem letzten arzneilich wirkenden Mittel, nach nur 3 Tagen einleuchtet.

Der Forderung, auf Arzneigemische zu verzichten, kommt Hahnemann im gesamten Verlauf der Therapie nach.

Zusammenfassend ist festzustellen, daß sich Hahnemann bei Wiecks erster Erkrankung hinsichtlich des Mittelwechsels so verhalten hat, wie man es nach den Vorschriften seines Organons erwarten durfte, und daß die, bei oberflächlicher Betrachtungsweise, ins Auge fallende und merkwürdig anmutende, teilweise dichte Folge von unterschiedlichen Mitteln auf einige Fehlgriffe Hahnemanns zurückzuführen ist und damit in Einklang mit dem Organon steht, in dem er für solche Fälle den Wechsel des Mittels vorschreibt.

Anders dagegen bei der zweiten Erkrankung. Hier scheint Hahnemann sich des öfteren nicht mehr an seine eigenen Maximen zu halten, und seine Entscheidungen werden für uns schwerer verständlich. Natürlich muß man in diesem Rahmen immer wieder betonen, daß Hahnemann nur durch stetes Experimentieren an der Optimierung seiner Lehre arbeiten konnte, und dazu ist er auch von bereits bewährt scheinenden Vorgehensweisen des öfteren abgewichen. Dies ist durchaus eine Erklärungsmöglichkeit für sein Vorgehen bei F.Wieck. Ferner ist zu bedenken, daß Beobachtungen Hahnemanns, die den allgemeinen Zustand des Patienten betreffen, in die Arzneiwahl mit eingeflossen sind und daß diese nicht schriftlich fixiert wurden. Aber warum sollte Hahnemann andererseits nicht ganz einfach seinen menschlichen Schwächen, so der aus manch anderem Zusammenhang bekannten ungeduldigen, aufbrausenden Wesensart erlegen sein, und nicht die erforderliche Geduld aufgebracht haben, auch unter dem Aspekt, daß es sich hier um eine akute, also etwas dringlichere Angelegenheit handelte, wodurch er unter einen gewissen Zeitdruck geriet?

Aus dem eben Untersuchten soll noch ein anderer, schon angeklungener Aspekt deutlicher hervorgehoben werden, nämlich Hahnemanns ganz offensichtliche Unsicherheit in der korrekten Therapie. Es finden sich mehrere eindeutige „Versager", die man ihm aber angesichts der letztlich erfolgreichen Therapie nicht allzu negativ anrechnen darf. Immerhin war Wieck zuvor allopathisch ohne Erfolg therapiert worden. Zudem befand sich die Homöopathie noch in einem sehr frühen Stadium, es stand nur eine relativ geringe Anzahl von Mitteln, die am Gesunden geprüft worden waren, zur Verfügung, so daß es durchaus möglich ist, daß gar kein Simillimum gefunden werden konnte.

5.3.2.7 Placebos

Mit einem Anteil von ca. 25% an den Verordnungen stellen die Placebos einen nicht unbedeutenden Aspekt in der Therapie von Friedrich Wieck dar.

Was waren die Beweggründe Hahnemanns, Scheinarzneien auszugeben? Zum größten Teil waren seine Patienten bei allopathischen Kollegen vorbehandelt worden und gingen erst dann, wie es zumeist auch heute der Fall ist, zu einem Homöopathen, wenn sie zuvor nicht geheilt werden konnten. Somit waren sie es nicht anders gewohnt, als große Mengen Arznei zu erhalten, und mancher Patient, der mit der Homöopathie erstmals in Kontakt kam, wäre sicherlich befremdet gewesen, wenn ihm nur ein mohnsamengroßes Streukügelchen als die gesamte Therapie vorgestellt worden wäre. Der psychologische Effekt wäre schlecht gewesen, und die weitere Zusammenarbeit zwischen Arzt und Patient hätte darunter gelitten, sofern der Patient überhaupt jemals wiedergekommen wäre. Sinngemäß äußert sich Hahnemann 1814:

> „In dieser Zwischenzeit, bis das zweite Medikament gereicht wird, kann man dem Kranken zur Stillung seines Verlangens nach Arznei und Beruhigung seines Gemüths etwas Unschuldiges, z.B. täglich etliche Theelöffel voll Himbeersaft, oder etliche Pulver Milchzucker einnehmen lassen." [86]

Eine andere Situation, in der Hahnemann den Einsatz von Placebos für sinnvoll hält, ist dann gegeben, wenn den Angaben des Patienten nicht ganz getraut werden kann [87] oder wenn sich der Arzt noch kein genaues Bild von der Krankheit gemacht hat, der Patient aber auf den Beginn der Behandlung drängt [88]. Der Kranke wird dadurch veranlaßt, sich genauer zu beobachten und der Arzt kann in den folgenden Konsultationen einen besseren Einblick in die Krankheit gewinnen.

Während Hahnemann in seinen Schriften Milchzucker nicht nur als „unmedicinisches Vehikel" [89] für seine Arzneien bezeichnet, sondern unumwunden zugibt, daß er diesen auch als reinen Placebo verwendet, finden sich zu einer anderen Substanz, die er ebenfalls als Trägerstoff nutzte, solche Aussagen nicht. So ist die Vermutung, daß verdünnter Weingeist von Hahnemann als Placebo eingesetzt wurde [90], bislang nicht hinreichend bewiesen. Diese Frage soll hier aber nicht weiter interessieren, da Wieck derartiges nachweislich nicht erhalten hat.

Ein anderes Problem stellt sich hinsichtlich des Austernschalenpulvers (Conchae). Zwar wissen wir, daß er häufig Conchae verordnete, aber wir wissen nicht, welche Bedeutung er ihnen wirklich beimaß. Deshalb scheint mir die Annahme, er habe auch diese als reinen Placebo gebraucht [91], etwas voreilig, wie die folgenden Ausführungen verdeutlichen werden.

Die Art der Anwendung von Conchae bei Wieck stützt zunächst die Placebo-Theorie: jeweils 4 Conchae an drei aufeinanderfolgenden Tagen (27./28./29. Januar 1815) und am 24. Dezember 1815

3 Conchae, wobei eine Gabe Hepar sulphuris enthält. Auch die Lohnwäscherin Schubertin, deren Fallbeispiel aus der RA ich in Kapitel 5.3.2.2 wiedergegeben habe, erhielt, wie im Originaltext (Anhang S. 155) zu sehen ist, ihre Arznei zusammen mit Austernschalenpulver. Hätten die Conchae eine volle arzneiliche Wirkung entfaltet, würde Hahnemann gegen seine Forderung, unvermischte Arzneien in kleiner Gabe zu verabreichen, eklatant verstoßen haben. Dies freilich deutet alles auf den Placebocharakter.

Andererseits sind aber auch folgende Fakten zu berücksichtigen: In seinem Apothekerlexikon beschreibt Hahnemann die Austernschalen, in allopathischer Weise verwendet, als Mittel gegen Übersäuerung des Magens [92]. Damit schreibt er ihnen eindeutig eine arzneiliche Wirkung zu, die sich aber auf einen Pufferungseffekt der Magensäure beschränkt. Eine weitergehende Wirkung auf den übrigen Körper war damit noch nicht ausgedrückt. Die Erkenntnis, daß Austernschalen aber auch dazu in der Lage sind, kommt ihm offenbar erst später. Und zwar beobachtet er, daß die aus Austernschalen hergestellte Kalkerde im Zustand ihrer Auflösung sehr wohl auf den gesamten Körper Einfluß nimmt:

„Einige Fälle von starken Befindensveränderungen von eingenommener reiner Kalkerde bei Personen, die offenbar eine krankhafte Säure im Magen beherbergten, veranlaßten mich, sie in aufgelöstem Zustande versuchen zu lassen, und ich fand sie dann, wie folgende Symptome zeigen, sehr arzneikräftig." [93]

Diese Veröffentlichung gemeinsam mit den Prüfsymptomen von essigsaurer Kalkerde aus dem Jahre 1819 läßt natürlich keine Rückschlüsse auf Hahnemanns Kenntnisstand zu der Zeit von Wiecks Behandlung zu, zeigt aber deutlich, was er spätestens seit 1819 von ihnen hielt. Es wäre natürlich sehr interessant, zu untersuchen, welche Rolle die Conchae in der Therapie Hahnemanns in den Jahren nach 1819 in den Krankenjournalen gespielt haben.

Doch zurück zu der Frage, welchen Sinn ihr Einsatz in den Jahren davor gehabt haben mag. Aus einem Brief im Jahr 1814 an Dr. Stapf, einem seiner treuesten Schüler, geht hervor, daß er für die Behandlung dessen ernstlich an Husten und Durchfall erkrankten Kindes neben verschiedenen arzneienthaltenden Pülverchen „täglich zweimal gepülvertes 8 – 10 Gran Conchae praeparatae in Milch gerührt" [94] empfiehlt. Sollte er diesem Kollegen, der ein Kenner der Homöopathie war, eine solch genaue Verordnungsvorschrift für einen Placebo gegeben haben? Das ist sicher nicht anzunehmen. Und warum sollte Hahnemann neben Milchzucker, der in Pulver- wie in Kügelchenform gegeben werden konnte, von dem keinerlei arzneiliche Wirkungen bekannt waren, noch einen anderen Placebo, der nach damaligem Kenntnisstand zumindest begrenzte Wirkungen im Körper entfaltete, in die Therapie eingeführt haben?

Es ist vielmehr anzunehmen, daß Hahnemann die Conchae bis zu dem Zeitpunkt, an dem er erkannte, daß sie in gelöstem Zustand umfangreiche arzneiliche Wirkungen hatten, als eine Art Adjuvans in seiner Therapie einsetzte und dabei ganz bewußt ihre säurepuffernde Wirkung im Magen in seine Überlegungen mit einbezog, ansonsten aber von einem unarzneilichen und damit die übrigen Mittelgaben nicht beeinflussenden Charakter ausging. Diese Hypothese ist allerdings noch durch genauere Nachforschungen – vor allem in den Journalen – zu untermauern.

In Zusammenhang mit den Placebos bleibt noch zu erwähnen, daß Hahnemann die dem Patienten überreichten Mittel numerierte, so daß er sehr wohl wußte, welches arzneilich war und welches unarzneilich:

„4 ℥, No 4 Cinch..." (S. 117)
„6 ℥ No 1 med. ☋" (S. 146)

Dabei muß die Numerierung der einzelnen Gaben sehr eindeutig gewesen sein, denn Hahnemann war sich seiner Sache offenbar sehr sicher, wenn er am 27.Januar nach der von S. 117 zitierten Verordnung schreibt „um 11 Uhr Cinch genommen" (Ebd.). Wie dies in der Praxis ausgesehen haben mag, zeigt das folgende Zitat aus einem Brief Hahnemanns an einen auswärtigen Patienten (Herrn *Büchner*):

„Hier schicke ich Ihnen 16 kleine weiße Pillen, in jedem numerierten Papiere eins, die Sie des Morgens einnehmen..." [95]

Aus sehr einleuchtenden Gründen und wohlüberlegt hat Hahnemann also Scheinarzneien als Bestandteil seiner Therapie gewählt. Ob er zusätzlich zu Milchzucker noch andere Mittel zu diesem Zweck einsetzte, bleibt abzuklären.

5.3.2.8 Mesmerismus

Die große Bedeutung des tierischen Magnetismus (= Mesmerismus, benannt nach dessen Begründer *Franz Anton Mesmer* (1733 – 1815)) mit einem Anteil von mindestens 33% an der Behandlung von Friedrich Wieck ist sicher eines der überraschendsten Ergebnisse meiner Arbeit. Bislang wurde davon ausgegangen, daß der Mesmerismus erst in den zwanziger Jahren des 19. Jahrhunderts bei den führenden Homöopathen größere Beachtung fand und in den Jahren davor eine allerhöchstens zweitrangige Rolle spielte [96]. Ritter schreibt sogar, daß Hahnemann ihn nur „dann und wann ausgeübt zu haben" scheint [97]. Dies trifft auf den Bereich schriftlicher Abhandlungen sicher zu, in der Praxis dagegen bietet sich ein anderes Bild; denn wie ein Studium der Journale 12 – 14 zeigt, ist die Verordnung des Mesmerismus nicht nur bei Wieck häufig anzutreffen. Leider hält Hahnemann sich nicht nur in dieser Zeit, sondern auch später in seinen Veröffentlichungen zum Thema „Mesmerismus" sehr zurück, so daß es kaum möglich ist, ein Bild über Hahnemanns praktisches Vorgehen zu gewinnen. So ist noch nicht einmal mit Gewißheit zu sagen, ob er überhaupt selbständig mesmeriert hat, oder ob er seine Patienten zu diesem Zweck zu einem Magnetiseur schickte. Meines Wissens ist noch nie der Versuch unternommen worden, diese Frage eindeutig zu klären, es wird vielmehr stillschweigend davon ausgegangen, daß Hahnemann die entsprechenden Fähigkeiten hatte. Doch nicht jeder ist in der Lage, in dieser Weise zu wirken, und auch Hahnemann selbst grenzt die Zahl der dazu Befähigten stark ein, indem er einen idealen Magnetiseur folgendermaßen beschreibt:

> „... wie es deren wenige unter den Menschen giebt, welcher bei großer Gutmüthigkeit und vollständiger Körperkraft, **einen sehr geringen, oder gar keinen Begattungstrieb besitzt,** bei welchem also die, bei allen Menschen auf Bereitung des

Samens zu verwendenden, feinen Lebens-Geister in Menge vorhanden und bereit sind, sich durch willenskräftige Berührung andern Personen mitzutheilen. Einige dergleichen heilkräftige Mesmerirer, die ich kennen lernte, besaßen **alle** diese besondern Eigenschaften." [98]

Der Fall eines Knaben, den Hahnemann, wie er in einer Anmerkung des Organon III beschreibt [99], nicht selbst mesmerierte, sondern dies durch den Bruder des Knaben vornehmen ließ, fördert die Zweifel an Hahnemanns eigenen Aktivitäten. Auch Wieck ist zumindest gelegentlich von jemand anderem als Hahnemann mesmeriert worden:

„Abends 6 Uhr gestrichen – wirkte
Körper wollte sich nicht beruhigen – er mußte ihn 16 Mal streichen" (S. 136)

Hahnemann unterscheidet einen positiven und negativen Mesmerismus. Ersterer ist dadurch gekennzeichnet, daß von dem Magnetiseur Lebenskraft in den Kranken einströmt. Dadurch, so Hahnemann, könne einerseits ein Mangel an Lebenskraft ausgeglichen, andererseits die an einigen Stellen des Körpers übermäßig vorhandene Lebenskraft gleichmäßiger verteilt werden und auch eine homöopathische Anwendung „durch Erregung ähnlicher Symptome, als der zu heilende Krankheitszustand enthält" ist möglich [100].

Der negative Mesmerismus diene demgegenüber der Entladung von Lebenskraft, die in einzelnen Körperteilen übermäßig angesammelt wäre [101].

Wie die verschiedenen mesmerischen Manipulationen durchzuführen sind, teilt uns Hahnemann nur unvollkommen mit. Auch hinsichtlich Wieck ist nicht in allen Einzelheiten das Procedere nachzuvollziehen. Sicher ist, daß sowohl der positive als auch der negative Mesmerismus Anwendung fanden, wie sich bei der Besprechung der Verordnungen in Kap. 5.3.2.1 schon zeigte. Ein Buch von Hahnemanns Tochter Eleonore gibt uns, obwohl von ihrem Vater kritisiert, eine bessere Vorstellung als das Organon, was er unter „Präpariren" und dem anschließenden „Volar", „Palmar" bzw. dem positiven Mesmerismus verstanden haben könnte.

Zwar werden diese Begriffe nicht von ihr erwähnt, doch kann eine Zuordnung mit gewisser Wahrscheinlichkeit vorgenommen werden. Die mit dem „Präpariren" gleichzusetzende Manipulation läuft demnach so ab:

> „... Seine Hände müssen flach ausgestreckt werden und mit den Ballen (der Hände), die sauber des Kranken Hautoberfläche berühren müssen, fängt er auf dessen entblößtem Haupte an, fährt langsam über den Kopf, an den Schultern, wo die Ballen, so wie an den Gelenken, vorzüglich aber an kranken Theilen, ein wenig, ohne völlig aufzuliegen, ruhen müssen, dann an den, an dem Körper angeschmiegten Armen und von da an den Seiten, Beinen bis zu den großen Fußzehen herunter, ..." [102]

Danach erfolgt ein schnellerer Strich, von dem Wieck vermutlich des öfteren mehr als nur einen erhielt:

> „... und fährt dann noch einmal, aber schnell und lediglich mit der rechten Hand, ohne mit derselben des Kranken Körper zu berühren, von dessen Haupte an über den ganzen vorderen Körper bis zu den Füßen herab, damit die Lebenskraft nicht zu mächtig einströmt." [103]

Das Kalmieren als Form des negativen Mesmerismus bestand aus Strichen, die auf den Patienten eine beruhigende Wirkung ausüben sollten.

Die Vermerke „Pollicar" bzw. „Pollikarman" sind schwer zu entschlüsseln. Es liegt die Annahme nahe, daß ein Vorgang gemeint ist, bei dem mit den Daumen (pollex [lat.] = Daumen) mesmeriert wird, was in die Richtung des von Hahnemann beschriebenen Auflegens der Hände oder Fingerspitzen bei der Therapie von Lokal-Symptomen weist [104].

Eine Symptomensammlung Hahnemanns wie zu den Arzneien ist uns zum Mesmerismus nicht bekannt, doch deuten die „NB-Symptome" darauf hin, daß Hahnemann in einer uns nicht bekannten Form seine Beobachtungen auch hinsichtlich des Mesmerismus zumindest zu sammeln beabsichtigte.

Daß Hahnemann den Mesmerismus bei Wieck u.a. parallel zu Arzneimitteln verordnete, kann nicht als Verstoß gegen seine

Regel, Arzneimittel ungestört auswirken zu lassen, gewertet werden, da er ihn „als von der Natur aller übrigen Arzneien abweichend" [105] betrachtete und davon ausging, daß er Arzneien in ihrer Wirkung nicht störe [106]. Möglicherweise nahm er sogar das Gegenteil an, daß nämlich, wie seine Tochter Eleonore schreibt, der Mesmerismus den Kranken auch für manche homöopathische Arznei empfänglicher machen könne [107], was der Hahnemann-Schüler Stapf ebenfalls meinte [108].

5.3.2.9 Diät und begleitende Lebensumstände

In den §§ 223 - 225 weist Hahnemann auf die Bedeutung von Diät und Regelung der begleitenden Lebensumstände, vor allem bei der Behandlung chronischer Krankheiten hin. So muß aus der Ernährung all das entfernt werden, was arzneilich wirken und damit die Pharmaka im Körper beeinflussen könnte, und aus dem täglichen Leben all solche Dinge, die eine Krankheit teilweise oder sogar ganz verursachen können. Folglich empfiehlt Hahnemann die Meidung jener Faktoren:

„Kaffee, chinesischer und andrer Thee, Biere mit arzneilichen, für den Zustand des Kranken unangemessenen Kräutern angemacht, sogenannte feine, mit arzneilich wirkenden Gewürzen bereitete Liqueure, gewürzte Schokolade, Riechwasser und Parfümerien mancher Art, hochgewürzte Speisen und Saucen, gewürztes Backwerk, Gemüse aus Kräutern und Wurzeln, welche Arzneikraft besitzen, alter Käse, und Thierspeisen, welche verdorben sind, oder arzneiliche Nebenwirkungen haben, sind eben so sehr von ihnen zu entfernen, als jede Uebermasse der Genüsse, Misbrauch geistiger Getränke überhaupt, Stubenhitze, sitzende Lebensart in eingesperrter Luft, Kindersäugen, langer Mittagschlaf (in Betten), Nachtleben, Unreinlichkeit, unnatürliche Wohllust, Entnervung durch Lesen schlüpfriger Schriften, Gegenstände des Zornes, des Grames und Aergernisses, leidenschaftliches Spiel, sumpfige Wohngegend, dumpfige Gebäude, übermäsige Anstrengung des Geistes und Körpers, karges Darben, u.s.w." [109]

Interessanterweise bleibt in seinem Grundlagenwerk Tabak unerwähnt. Dabei hatte er schon 1805 in der Abhandlung „Der Kaffee in seinen Wirkungen" Tabak als arzneilich beschrieben [110]. Sollte er in der Zwischenzeit seine Ansicht geändert haben oder schloß er den Tabak aus seiner Verbotsliste aus, weil er selbst ein großer Freund des intensiven Pfeiferauchens war und er seine liebgewordene Gewohnheit auch im Rahmen seiner Arzneimittelprüfungen beibehalten wollte?

Daß Hahnemann auch bei F. Wieck Wert auf die Kenntnis von Ernährung und Lebensumständen gelegt hat, zeigen zahlreiche Journal-Aufzeichnungen, von denen einige schon im Kapitel 5.3.1 zitiert wurden. Anweisungen zu Veränderungen finden sich dagegen keine, was nicht heißt, daß solche nicht erteilt wurden. Hahnemann hatte in diesem Punkt feststehende Regeln, so daß es eine überflüssige Mühe gewesen wäre, seine Ermahnungen, die sich logischerweise aus dem zuvor Gehörten und zumindest teilweise Niedergeschriebenen ergaben, bei jedem Patienten zu notieren. Man kann sich Hahnemanns Kritik sehr gut vorstellen, wenn er von Wieck Folgendes berichtet bekam:

„alles scheint nach dem palliativen Wein sich verschlimmert zu haben" (S. 147)
„dann Kaffee getrunken aus Sehnsucht" (S. 151)

Ganz sicher hat der Kaffeefeind Hahnemann am Beginn der Behandlung den Konsum von diesem Getränk untersagt.

Demgegenüber klingen die Sätze zum Pfeiferauchen sehr wertneutral. Hahnemann scheint sich daran überhaupt nicht zu stören:

„heute früh (wie ehedem) zu Ende der Pfeife
        Uebelkeit und etwas Kopfweh" (S. 128)
„kann keinen Tabak rauchen, des Schleims wegen" (S. 144)
„2 Pfeifen mit Appetit geraucht" (S. 151)

Vielmehr muß man den Eindruck gewinnen, als wenn der Tabakgenuß für Hahnemann eine selbstverständliche Lebensqualität darstellt, deren Einschränkung als bedauerlich anzusehen ist.

Eine ähnlich liberale Einstellung besaß Hahnemann auch gegenüber Bier, ausgenommen jene im Organon erwähnten, die mit arzneilich wirkenden Kräutern angemacht waren. Lag es vielleicht auch dieses Mal daran, daß er selbst ein großer Freund des sächsischen Dünnbieres war, welches er genauso wie seine Pfeife gerne genoß? Auch bei Wieck wird der Biergenuß in einer Weise erwähnt, die nicht auf eine ablehnende Haltung Hahnemanns schließen läßt:

„Bier schmeckt bitter" (S. 147)

„gestern nach Trinken einiger Gläser Bier stand alles still" (S. 149)

„Bier ekelt ihn an, kanns aber doch trinken" (S. 152)

Obwohl das Bier häufig in Zusammenhang mit Mißempfindungen und Beschwerden genannt wird, genießt Wieck es weiterhin, so daß man davon ausgehen kann, daß von einem Verbot desselben nie die Rede war.

5.3.3 Darstellung allopathischer Therapiemöglichkeiten der Krankheiten Wiecks

Wie könnte, im Gegensatz zu der von Hahnemann vorgenommenen Behandlung, eine allopathische Therapie bei Wieck ausgesehen haben? In Hinblick auf die Gesichtsneuralgie gibt uns das Krankenjournal Nr. 12 hierüber in weitestgehendem Maße Auskunft, da Hahnemann sich Aufzeichnungen über Wiecks erfolglose allopathische Vorbehandlung gemacht hatte. Demnach sind Wieck Moschus, Kampfer, Chinarinde sowie Tropfbäder (S. 110) verordnet worden. Meichsner weiß in seiner Wieck-Biographie davon zu berichten, daß ihm in dieser Zeit 500 Moschuspulver verabreicht worden seien. Die drei genannten Arzneien waren damals bei der Behandlung von Neuralgien aller Art üblich [111]. Des weiteren wäre noch das Alkaloid der Chinarinde, Chinin, außerdem Arsenik oder Eisen als innerlich wirkende Arznei in Frage gekommen [112]. – Hydrotherapie wurde Wieck vorrangig in Form von Tropfbädern, bei denen das Wasser von einer Vorrichtung an der Decke auf den leidenden Teil des Patienten – bei Wieck der Kopf – herabtropfte, zuteil. Zu diesem Zweck war Wieck der Kopf geschoren worden (S. 110). Da Wiecks Neuralgie eine symptomatische infolge entzündlicher Veränderungen im Bereich der

Zähne war, hätten zusätzlich äußerliche Anwendungen am Zahnfleisch, vielleicht auch Zahnextraktionen vorgenommen werden können.

Anders verhält es sich bei der akuten Hepatitis. Da sich Wieck hiermit ganz offensichtlich nicht erst einer allopathischen, sondern direkt der homöopathischen Therapie unterzog, läßt sich aus den Krankenjournalen keine Information darüber gewinnen, wie eine allopathische Behandlung ausgesehen hätte.

Bei allopathischer Therapie einer akuten Hepatitis wurde in jener Zeit zunächst unterschieden, um welche Form der Leberentzündung es sich handelte, sthenische oder asthenische. Aufgrund der allgemeinen Schwäche Wiecks wäre gewiß der Heilplan einer asthenischen Leberentzündung angewandt worden. Dabei sind als innerliche Hauptmittel Opium und Kampfer zu nennen, aber auch Quecksilber wurde verabreicht. Daneben wurden äußerliche Anwendungen mittels Salben, welche u.a. Kampfer oder Quecksilber enthielten, oder warme Bäder empfohlen [113].

5.3.4 Honorarfrage

Wie Friedrich Wieck die ca. 90 Konsultationen bei Hahnemann bezahlen konnte, und wieviel er überhaupt bezahlen mußte, läßt sich nicht feststellen. Der Versuch, aus der Honorarhöhe, die Hahnemann sich gelegentlich bei anderen Patienten in seinen Krankenjournalen notierte, auf die Kosten für Wieck zurückzuschließen, ist wenig sinnvoll, da wir aus Briefen späterer Zeit wissen, daß Hahnemann keine einheitlichen Sätze berechnete, sondern erhebliche Unterschiede machte, je nachdem sich die finanziellen Verhältnisse des einzelnen Patienten gestalteten.

So ist es durchaus denkbar, daß Wieck, der ziemlich mittellos nach Leipzig kam, zu einem günstigen Preis behandelt wurde. Andererseits sollte nicht vergessen werden, daß er an einem nicht bekannten Datum während seiner Leipziger Zeit von einem Bekannten 6000 Thaler geliehen bekam, von denen er sich eine Pianofortefabrik und eine Musikalien-Leihanstalt einrichtete [114]. Mit diesem Geld wäre freilich auch die Begleichung höherer Summen bei Hahnemann möglich gewesen.

5.3.5 Verfügbarkeit Hahnemanns

Auf die umstrittene Frage, ob Hahnemann in seiner Leipziger
Zeit Hausbesuche machte, läßt sich durch die Bearbeitung der
Wieck-Kasuistik keine neue Antwort geben. Auch hinsichtlich der
Tageszeiten, zu denen Wieck bei Hahnemann weilte, haben sich
keine Besonderheiten ergeben. Lediglich zwei Zitate, die darauf
hinweisen, daß Hahnemann zumindest bis gegen 18 Uhr noch mit
Patienten beschäftigt war, sind der Erwähnung wert:

„blos diesen Abend seit 5 Uhr ist er ängstlicher als am Tage"
(S. 112)
„jezt um 6 Uhr Zahn wie in die Höhe geschraubt" (S. 130)

Interessanter ist da schon die Tatsache, daß Wieck Hahnemann
an 10 Sonntagen konsultierte, wie sich anhand des „Immerwähren-
den Kalenders" nachweisen läßt. Dies waren folgende Tage: 22.
Januar 1815, 29. Jan., 5. Februar, 12. Febr., 19. Febr., 26. Febr., 16.
April, 24. Dezember, 31. Dez., 7. Januar 1816. Es war sogar der
24.Dezember dabei, und wie sich aus der Notiz „auch heute Mittag
etliche Schluck Wein getrunken" (S.147) unschwer ersehen läßt,
frühestens am Nachmittag des Heiligabend. Und auch am 1. und 2.
Weihnachtsfeiertag war Wieck zu Konsultationen bei Hahnemann.

Aus den Krankenjournalen geht hervor, daß Wieck nicht der einzige Patient Hahnemanns während der Weihnachtsfeiertage war.
Dies sind, wie ich meine, schöne Beweise dafür, daß Hahnemann
immer für seine Patienten zu sprechen war.

6
Schlußbemerkung

Aus der Bearbeitung der Wieck-Kasuistik haben sich eine ganze Reihe interessanter Aspekte ergeben. So ist nicht zu übersehen, daß Hahnemann mit der praktischen Anwendung der Homöopathie mehr Mühe hatte als nach seinen sehr selbstbewußt klingenden Ausführungen, z.B. im Organon, zu erwarten war. Allerdings handelte es sich bei Wieck um ein sehr komplexes Krankheitsgeschehen, v.a. bei der Gesichtsneuralgie, das zuvor schulmedizinisch frustran therapiert worden war. Hahnemann hatte letztlich immerhin Erfolg mit seinen Bemühungen, Wiecks Gesundheit wiederherzustellen und dessen Zufriedenheit äußert sich schließlich darin, daß er bei seiner nächsten schweren Erkrankung, der Hepatitis, wieder die Hilfe Hahnemanns suchte.

Beachtenswert sind die von Hahnemann eingesetzten Therapieformen des Magnetismus, Riechenlassens und Mesmerismus, die in der Homöopathie der Gegenwart keine Rolle mehr spielen. Aus meinen Nachforschungen geht klar hervor, daß der Mesmerismus bei Hahnemann weit mehr Bedeutung hatte als bislang angenommen. Dies ist auch deshalb interessant, weil er den Mesmerismus nur teilweise homöopathisch anwandte, ansonsten aber als ergänzende Therapie neben der Homöopathie, die er als das allein akzeptable Behandlungskonzept darstellte, gewähren ließ. – Die von mir aufgefundenen Hinweise für eine Wirksamkeit des Riechenlassens sind nicht minder bemerkenswert und verdienen weitere Aufmerksamkeit.

Trotz der vorbildlichen Ausführlichkeit der Patientenbefragung, die allerdings gelegentlich etwas übertrieben anmutet, geht aus meiner Arbeit klar hervor, daß die Journalaufzeichnungen nicht vollständig sind. Man wird zwar aus ihrer Bearbeitung noch viel über Hahnemanns praktisches Wirken erfahren können, doch sollte nie vergessen werden, daß er sie zu diesem Zweck nicht angefertigt hat, und daß deshalb Vorsicht bei der Auswertung angezeigt ist.

Anmerkungen

[1] *Haehl* I, 1922. 413
[2] *Albrecht* 1851. 116
[3] *Gypser* 1988. 256
[4] ORG VI, 1987. § 3
[5] ORG VI, 1987. § 6
[6] *Haehl* I, 1922. 408-409
[7] *Haehl* I, 1922. 240
[8] *Goullon* 1897. 141
[9] *Haehl* II, 1922. 412-413
[10] *Haehl* I, 1922. 108
[11] *Haehl* I, 1920. 110-111
[12] *Haehl* I, 1920. 413
[13] *Meichsner* 1875. 6
[14] Der Künstler und das Entstehungsjahr des Bildes sind unbekannt. Das genannte Alter von Friedrich Wieck beruht auf einer Schätzung durch das Robert-Schumann-Haus Zwickau.
[15] *Joß* 1900. 82
[16] *Meichsner* 1875. 125
[17] Hahnemann schreibt stets „Wiek", also ohne „c". Daß es in seinen Journalen mit der korrekten Schreibweise der Patientennamen nicht so genau genommen hat, zeigt sich auch an zahlreichen anderen Beispielen.
[18] Tatsächlich ist Wieck zu diesem Zeitpunkt erst 29 Jahre alt. Hahnemann notiert das richtige Alter am 28. Januar.
[19] Hahnemanns Angabe „vor 6 Jahren" (S. 109) läßt sich nicht eindeutig den Nasengeschwüren zuordnen.
[20] Die Angabe „vor 3 ½ J[ahren]" (S. 110) scheint sich auch auf den Gesichtsschmerz zu beziehen.
[21] Das Fragezeichen weist, auch in der Folge, darauf hin, daß sich das Datum aus den Journalaufzeichnungen nicht sicher bestimmen läßt.
[22] Org I, 1810. § 10
[23] ORG I, 1810. § 9
[24] Ebd. § 51
[25] Ebd. § 52
[26] Org I, 1810. § 82
[27] Ebd. § 62
[28] Ebd. § 69
[29] Hahnemann war ein gläubiger und gottergebener Mensch und fand diesbezüglich viele Impulse durch seine Mitgliedschaft im Freimaurerbund. *Genneper* 1988. 106
[30] CK I, 1979. 6
[31] *Varady*, Kommentar, 1987. 44-47
[32] Ebd. 283-284
[33] *Henne* 1963. 2
[34] *Varady*, Kom., 1987. 351
[35] RA I, 2. Teil, 1816. 320-321

[36] RA II, 1816. 176-179
[37] Fragmenta, Pars Secunda, 1805. 458
[38] Ebd. 282
[39] Ebd.; es handelt sich um einen handschriftlichen Nachtrag Hahnemanns, [?] bezeichnet eine darin befindliche unleserliche Stelle.
[40] Es läßt sich nicht klären, ob Hahnemann damit Chenopodium hydridum, anthelminticum oder vulvaria meint.
[41] *Ritter* 1986. 43
[42] Org V, 1833. § 128
[43] *Fischer* 1887. 151
[44] Wurden Placebos *und* Arznei gereicht, so wurde dies bei beiden Therapien als eine Verordnung gewertet. Eine geteilte Arzneigabe gilt als eine Verordnung. Eine Mehrfachgabe (z.B. 4 Conchae, 4 mesmerische Striche) gilt als eine Verordnung.
[45] Org I, 1810. § 3
[46] Ebd.
[47] Ebd. § 19
[48] Ebd. § 129
[49] Ebd. § 187
[50] RA II, 1816. 28-32
[51] Hahnemann 1814. 5
[52] *Varady,* Kom., 1987. 105-115
[53] Hahnemann 1819. § 305
[54] RA II, 1816. 30
[55] Ebd. 32
[56] RA I, 1822. 198
[57] *Haehl* I, 1922. 347
[58] RA II, 1816. 59, 67
[59] Ebd. 233
[60] Ebd. 316
[61] RA III, 1817. 36
[62] Ebd. 204
[63] Ebd. 246
[64] RA IV, 1818. 241
[65] Ebd.
[66] ORG I, 1810. § 257
[67] *Varady,* Kom., 1987. 114
[68] *Haehl* I, 1922. 353-354
[69] ORG V, 1833. § 288
[70] Ebd.
[71] Ebd.
[72] Ebd.
[73] ORG I, 1810. § 247
[74] RA II, 1816. 171-231
[75] Ebd. 174, 179
[76] ORG I, 1810. § 208
[77] RA III, 1817. 37
[78] RA I, 1811. 80
[79] RA II, 1816. 365

[80] Ebd. 315
[81] Ebd. 113
[82] Ebd. 176
[83] RA III, 1817. 188
[84] RA II, 1816. 69
[85] Ebd. 232
[86] KMS II, 1814. 157
[87] ORG I, 1810. § 75
[88] Ebd. § 181
[89] KMS II, 1820. 199
[90] *Varady,* Kom., 1987. 59-60
[91] Ebd. 44-47
[92] Hahnemann 1795. 311
[93] RA V, 1819. 69-70
[94] Hahnemann 1814. 1
[95] Hahnemann 1815. 1
[96] *Wittern* 1985. 108-109
[97] *Ritter* 1986. 113
[98] ORG VI, 1987. § 288
[99] ORG III, 1824. § 320
[100] Ebd. § 319
[101] Ebd. § 320
[102] *Wolff* 1834. 169
[103] Ebd.
[104] ORG III, 1824. § 319
[105] ORG VI, 1987. § 288
[106] Ebd.
[107] *Wolff* 1834. 168
[108] *Stapf* 1823. 12
[109] ORG I, 1810. § 224
[110] KMS II, 1805. 54
[111] *Oesterlen* 1847. 470, 473, 573, 585
[112] Ebd. 473
[113] *Hoven* 1806. 220
[114] *Joß* 1900. 9

Literatur

I. Primärquellen (aus dem Archiv des Instituts für Geschichte der Medizin der Robert-Bosch-Stiftung, Stuttgart)

Hahnemann, Samuel: Brief an Dr. *Ernst Stapf.* Leipzig, 21. Dezember 1814. (A 407)
Hahnemann, Samuel: Brief an Dr.*Ernst Stapf.* Leipzig, 24. Januar 1814. (A 406)
Hahnemann, Samuel: Brief an Herrn *Büchner.* Leipzig, 16.April 1815. (A 574)
Hahnemann, Samuel: Fragmenta De Viribus Medicamentorum Positivis sive in Sano Corpore Humano Observatis: Mit handschriftlichen Nachträgen Hahnemanns versehen. Pars Prima, Textus et Pars Secunda, Index. Lipsiae, 1805. (GH/e2/60 1805)
Hahnemann, Samuel: Krankenjournal Bd.12. Leipzig, 1814 - 1815. (D 12)
Hahnemann, Samuel: Krankenjournal Bd.13. Leipzig, 1815 - 1816. (D 13)
Hahnemann, Samuel: Krankenjournal Bd.14. Leipzig, 1816. (D 14)

II. Sekundärliteratur

Ackerknecht, Erwin Heinz: Geschichte der Medizin. 5. Aufl., Stuttgart 1986.
Albrecht, Franz: Christian Friedrich Samuel Hahnemann: Ein biographisches Denkmal. Leipzig 1851.
Albrecht, Franz: Dr. Samuel Hahnemanns Leben und Wirken. 2. Aufl. Leipzig, 1875.
Cook, Trevor: Samuel Hahnemann. Wellingborough 1981.
Fischer, Hermann Alex: Nachruf auf Dr. *Hermann Hartlaub.* Zeitschrift des Berliner Vereins homöopathischer Ärzte 6 (1887) 150 - 152.
Genneper, Thomas: Hahnemanns Mitgliedschaft im Freimaurerbund. Zeitschrift für Klassische Homöopathie 32 (1988) 106 - 109.
Goullon, Heinrich: Hahnemanns graphologisches Porträt. Leipziger Populäre Zeitschrift für Homöopathie 28 (1897) 141 f.
Gypser, Klaus-Henning: Clara Wieck im Hause Hahnemann. Zeitschrift für Klassische Homöopathie 32 (1988) 255-258.
Haehl, Richard: Samuel Hahnemann. 2 Bde. Leipzig 1922.
Hahnemann, Samuel: Apotheker-Lexikon, Bd. 1 (Nachdruck der Ausgabe Leipzig 1793), Karl F. Haug Verlag, Heidelberg 1986.
Hahnemann, Samuel: Die Chronischen Krankheiten. Teil 1. 2.Aufl. (Nachdruck der Ausgabe Dresden und Leipzig 1835), Karl F. Haug Verlag, Heidelberg 1979.
Hahnemann, Samuel: Die Chronischen Krankheiten. Teil 3. 2.Aufl. (Nachdruck der Ausgabe Düsseldorf 1837), Karl F. Haug Verlag, Heidelberg 1979.
Hahnemann, Samuel: Kleine medizinische Schriften. Herausgegeben von *Ernst Stapf.* 2 Bde. in einem Band. (Nachdruck der Ausgabe Dresden und Leipzig 1829), Karl F. Haug Verlag, Heidelberg 1971.
Hahnemann, Samuel: Organon der rationellen Heilkunde. Dresden 1810.
Hahnemann, Samuel: Organon der Heilkunst. 2.Aufl., Dresden 1819.
Hahnemann, Samuel: Organon der Heilkunst. 3.Aufl., Dresden 1824.
Hahnemann, Samuel: Organon der Heilkunst. 5.Aufl., Karl F. Haug Verlag, Heidelberg 1987 ([1]1833).
Hahnemann, Samuel: Organon der Heilkunst. 6.Aufl. (Nachdruck der Ausgabe Leipzig 1921), Karl F. Haug Verlag, Heidelberg 1987.

Hahnemann, Samuel: Reine Arzneimittellehre. Teil 1. Dresden 1811.
Hahnemann, Samuel: Reine Arzneimittellehre. Teil 2. Dresden 1816.
Hahnemann, Samuel: Reine Arzneimittellehre. Teil 3. Dresden 1817.
Hahnemann, Samuel: Reine Arzneimittellehre. Teil 4. Dresden 1818.
Hahnemann, Samuel: Reine Arzneimittellehre. Teil 5. Dresden 1819.
Hahnemann, Samuel: Reine Arzneimittellehre. Teil 6. Dresden 1821.
Hahnemann, Samuel: Reine Arzneimittellehre. Teil 1. 2.Aufl., Dresden 1821.
Hahnemann, Samuel: Reine Arzneimittellehre. Teil 2. 2.Aufl., Dresden 1824.
Henne, Heinz: Hahnemanns Krankenjournale Nr.2 und 3. Stuttgart 1963.
Henne, Heinz: Hahnemanns Krankenjournal Nr.4. Stuttgart 1968.
Hoven, Friedrich Wilhelm von: Handbuch der practischen Heilkunde. 1.Band. Heilbronn 1806.
Joß, Victor: Friedrich Wieck und sein Verhältnis zu Robert Schumann. Dresden 1900.
Kaech, René: Der Mesmerismus. Ciba-Zeitschrift 6 (1954) 2154 – 2184.
Kleinert, Georg Otto: Geschichte der Homöopathie. Leipzig 1863.
Meichsner, A.von: Friedrich Wieck und seine beiden Töchter Clara Schumann, geb. Wieck, u. Marie Wieck. Leipzig 1875.
Nachtmann, Walter: Samuel Hahnemann als Arzt und Forscher. In: *Kümmel, Werner Friedrich* (Hrsg.): Jahrbuch des Instituts für Geschichte der Medizin der Robert-Bosch-Stiftung. Stuttgart 1987.
Oesterlen, Friedrich: Handbuch der Heilmittellehre. 2.Aufl., Tübingen 1847.
Poeck, Klaus: Neurologie. 6.Aufl., Berlin 1982.
Pschyrembel, Willibald: Klinisches Wörterbuch. Berlin 1977.
Robert-Schumann-Haus Zwickau: Briefliche Mitteilung vom 24.6.1988.
Schettler, Gotthard (Hrsg.): Innere Medizin. Bd.2. 5.Aufl., Stuttgart 1980.
Schwenzer, Norbert u. *Gerhard Grimm* (Hrsg.): Zahn-Mund-Kiefer-Heilkunde. Bd.2.: Spezielle Chirurgie. Stuttgart 1981.
Stapf, Ernst: Zoomagnetische Fragmente, besonders in Beziehung auf die Beurtheilung und Anwendung des Mesmerism im Geiste der homöopathischen Heillehre. Archiv für die homöopathische Heilkunst 2 (1823) H.2, 1 – 28.
Tischner, Rudolf: Geschichte der Homöopathie. Leipzig 1939.
Varady, Helene: Die Pharmakotherapie Samuel Hahnemanns in der Frühzeit der Homöopathie. Edition und Kommentar des Krankenjournals Nr.5 (1803 – 1806). Med.Diss. München 1987.
Wittern, Renate: Zum Verhältnis von Homöopathie und Mesmerismus. In: *Schott, Heinz* (Hrsg.): Franz Anton Mesmer und die Geschichte des Mesmerismus. Suttgart 1985.
Wolff geb. *Hahnemann, Eleonore:* Der homöopathische Rathgeber für das Haus, nebst einem Anhange über den Mesmerismus und tabellarische Uebersicht der in diesem Buch vorkommenden Arzneien. Leipzig 1834.

Personenregister

Aegidi 20
Auenbrugger 47
Beethoven, Ludwig van 27
Bönninghausen, Sophie v. 15
Bönninghausen, Carl v. 15
Büchner 91
Chopin, Fréderic 27
Czerny, Carl 27
Fechner, Clementine 25
Franz, Karl Gottlob 11, 22 f.
Haehl, Richard 15
Hahnemann, Eleonore 93
Hahnemann, Melanie Marie,
  geb. d'Hervilly 15

Hartlaub, Hermann 64
Hartmann, Franz 11
Laennec 47
Mendelssohn-Bartholdy, Felix 27
Mesmer, Franz Anton 92
Schumann, Robert 27
Stapf 90
Tromlitz, Marianne 25
Weber, Carl Maria v. 25, 27
Wieck, Schwester v. Friedrich W. 39
Wieck, Marie 27
Wieck, Clara 11, 25, 27

Sachregister

Abgabeform der Arzneien   75 f.
Arsenicum album   78, 86
Arzneieinzelgaben   84
Arzneigabenwiederholung   83 f.
Arzneimittelnumerierung   91 f.
Arzneimittelprüfung   13
Arzneiriechen   79 f., 100
Arzneiwirkungsdauer   83 ff.
Auskultation   47
Austernschalenpulver s. Conchae
Bryonia alba   85
Centesimalsystem   77
China officinalis   28, 54, 78, 84, 97
Chinarinde s. China officinalis
Coffea cruda   79
Conchae   55, 89 f.
Diagnose   33 ff.
Ernährung   95 ff.
Fiebermessung   47 f.
Gelbsucht   34 f.
Gemütssymptome,
   Bedeutung d.   51 f., 68 f.
Hepar sulphuris   79
Hepatitis, akute   35
Kalkerde   107
Kampfer   97
Körperliche Untersuchung   44 ff.
Magnetismus   57, 60, 81 f., 85 f., 100
Malaria   28

Mercurius solubilis
   Hahnemannii   54
Mesmerismus   92 ff.
Mesmerismus, negativer   93
Mesmerismus, positiver   93
Milchzucker   75, 89
Moschus   97
NB (=nota bene)   55, 57, 64
Nux vomica   78, 84
Oleum martis   85
Perkussion   47
Placebo   49, 88 ff.
Potenz (Arznei-)   14, 76 f.
Psoralehre   51
Psychosyndrom, reaktives   35
Pulsatilla pratensis   78, 87
Repertorium   71
Rhus toxicodendron   78, 85
Schwefel s. Sulphur
Scilla maritima   78, 86
Sexualität   52
Sulphur   79
Tartarus emeticus   79
Trigeminusneuralgie   35
Tropfbad   97
Veratrum album   78
Vorlesungstätigkeit
   Hahnemanns   22
Weingeist   89

Anhang I

Transkription der Kasuistik von Friedrich Wieck

Erläuterungen:

Soweit sinnvoll, wurde die Originalform des Journaltextes beibehalten, doch würde es der Übersichtlichkeit und Lesbarkeit
geschadet haben, wenn sämtliche Einfügungen Hahnemanns
über und unter den Zeilen in der ursprünglichen Weise belassen
worden wären, weshalb ich sie in den Text integriert habe. Weit
nach rechts orientierte Randeintragungen Hahnemanns sind
durch ⎰ ⎱ gekennzeichnet, Zusätze am linken Rand sind auch in
meiner Transkription dort aufgeführt; wo drucktechnisch nicht
möglich, auf dem rechten Rand (mit Sternchen [*] versehen). Die
Einrückung einer Zeile um 2 Anschläge weist darauf hin, daß die
folgenden Worte im Original noch Teil der oberen Zeile sind, 5
oder mehr Anschläge bezeichnen eine von Hahnemann vorge-
nommene Einrückung. Eindeutige Abkürzungen sind in der Transkription aufgelöst, die dabei ergänzten Buchstaben durch [ ]
gekennzeichnet, sehr häufig vorkommende Abkürzungen wie „U."
für Uhr, „Ab." für Abend oder „N.M." für Nachmittag habe ich, wiederum der besseren Lesbarkeit willen, ohne Kennzeichnung aufgelöst. [?] kennzeichnet eine unleserliche Stelle.

Band 12, Seite 285
16. Januar 1815

Wiek   Gypsfabr[ik]   2 Treppen

Seite 287
16. Januar 1815

Wiek (30) aus Pretsch Jeswitz
schon in 10ten Jahr Zahnweh aber Jahrelang ausgesetzt
    half nichts als Rausreißen – Schmerzen nur in hohlem Z[ahn]
in der Zeit des Studiums 3, 4 Jahr fast frei
vor 6 Jahren

und dann jeden Monat eine Schwär an der Nase, bei der Nase
    └ wie eine Erbse
   └dieses halbe Jahr war er frei von Zahnweh
seitdem nicht gut geworden
    bekam in der Lausitz kalt Fieber, schnell geheilt
    nach drei Wochen wieder Rückfall und wieder durch China
      unterdrückt.
Von da an erst recht krank
    war dann krank im Magen – sehr mit Blähungen geplagt
      je mehr er Zahnschmerzen hat, desto
         hörte nicht eher auf bis offener Leib kam
vor 3 ½ J[ahren] bekam er oft geschwollenes Zahnfleisch – noch
jezt dick und hart
   – wenn er keine Anfälle hat, tactu gar nicht schmerzhaft
dann weg von Glaucha und zu Michael Gesichtsschmerz
    da schlaflos Nachts, muß in die Höhe, weiß nicht warum, auch
      ohne Schmerz
    hat er Schmerzen so muß er raus
zu weilen jähling eine fliegende Gesichtshitze, damals entstand
   der Schmerz
      plötzlich in einem Striche von Michael bis 4 Wochen nach
      Weihnachten, und dabei viel heftige
      Sachen gebraucht, Moschus, Kampfer, Tropfbad auf den gescho-
      renen Kopf
      ohne die mindeste Linderung
dann nach Ronneburg, der wollte Fieber raus haben
    Magenmittel, einiges Fieber
      und China und gebadet, dabei sich noch am besten befunden
Dann eine große Nervenschwäche, daß er nicht sich getraute
    einen von beiden Füßen
      auf die Erde zu setzen, weil es ihm ein Schauder war zu
        denken daß er gehen
        sollte, war ihm eine Empfindung von Dröhnen und widrig wie
        wenn auf
        Glase pfitscht

Seite 288

┌großer Widerwille gegen Eisen, durfte es nicht angreifen
│   ┓ vorzüglich im Sommer   ┓
│   ┃   in der Kälte weit weniger┃
│ wenn er das Schmerzen haben weniger
│kann keine thönerne Pfeife angreifen
│   ebenfalls wie Schrapen und Pfitschen
└die Krämpfe die er seit 5 Tagen hatte dabei ist die näml[iche]
  Empf[indung]

110

wie von kaltem Luftzug
oder wie beim Eintritt des Fieberfrostes
diese Empf[indung] hatte er auch bei der Nervenschwäche, wo sie allgemein und gering
war – da sie jezt örtlich und
weit stärker ist – geht den Gaumen herauf
vorvorigen Sommer in Leipzig besser befunden
aber das Vorgefühl gehabt, daß er sehr krank werden würde
ging nach Doßfeld b. Plauen glaubte da sterben zu müssen
hatte da auch die Nervenschwäche, doch weniger Zahnweh
— Zahnschmerzen sind ein Drücken   vorher ein heftiges Jücken auf
dem Haarkopf

                                        und hinterdrein
diese öfteren Anfälle von Zahnweh, Blasen jedes. entstand momen-
tan an der Zahnlücke
                    und wenn der Schmerz unerträglich ist
                    ist die Blase auf einmal weg
                    (auch jezt vor dem Feiertag)
Blase macht ein ungeheuren Schmerz
            wie Geschwür
ganz heile Haut
        ─── die setzten ein Paar Tage aus   dann wieder Nervenschwäche
beim Gesichtsschmerz ein heftigstes Schmerzen vorzüglich
        die Nacht
            und bei Vollmond komponirt (exaltirt war er)
so gereitzt, daß er zu gewissen Zeiten gewisse Personen nicht
        leiden kann
            und kein unangenehmes Getös, strengt ihn an
                wird heiß und drauf ganz kalt
            aber Musik kann er leiden
jezt seit 5 Tagen Schmerz als wenn der Zahn rauss gehoben würde
        dabei schwellen die Unterkieferdrüsen 4, 5 Züge an, schnell
            weg
ein Drücken – schlägt wie einmalig eine Flamme herauf im Gesicht
seit einigen Tagen immer öfterer
die Nacht immer Fieber, immer krank
Krankheit nur bei abnehmendem Mond, abgenommen
sieht den Mond nicht gerne, ist ihm unangenehm
sehend in einen Hohlspiegel, als wenn er auf einem hohen Turm
        stünde und schwindlicht würde
        schon die Ader hören, greift ihn an
Träume kann sich ihrer kaum erinnern
        └─weiß doch daß es schreckliche Träume sind, Flucht vor blan-
        ken Vegen
Augpupille wenig zu verringern.
gestern Abend glaubte er zu sterben und da er den Chirurg kommen
        ließ

und er mit dem Finger nahe kam, waren die Schmerzen
   plötzlich weg.
drauf ermattete er zum Hinsinken, und hörte doch alles auf
   das Geringste
schluchzte die Nacht um 3 Uhr ungeheuer
vorher um 12 Uhr Frost und Gähnen

Seite 289

Vorgefühl, ängstlich, gereitzt, sieht staur sich hin.
ißt hastig, und dann ist er nicht wohl
darf kein Wein trinken
Trostlosigkeit, und Hoffnungslosigkeit
blos Musik 5 Stunden

Seite 291
17. Januar 1815

gestern Abend 9 Uhr Zuckungen in der linken Seite
  ¼ Stunde das Rucken und das im Zahnfleisch und Gaumen
    Rausreiß=Schmerz —— ⎧ 6, 8 Züge
                      ⎪ wie wenn in eigenen
                      ⎪ hohlen Zahn Luft
                      ⎩ oder Pfeffer kömmt
    dann erst Zahnschmerz und um 10 Uhr Coff.cr. da er dann
        bis 1 Uhr │ dauerte
           Drücken Reißen
hats doch heftiger └——dann kömmt ein Anfall von Weinen
Um 1 Uhr kam ein andrer Schmerz legte sich ins Bett
    kam Schmerz auf die rechte Seite wo die Geschwulst ist
    wie gichtischer Zahnschmerz, welcher mit so großer
    Angst verbunden war, daß er den Stift hätte
    heraus reissen lassen mögen - 3 Uhr
    dann geschlafen von 3 - 7 Uhr mit unerinnerlichen Träumen
heute der erste Tag, wo er keinen Anfall gehabt - war
  heitrer und gelassener
    blos diesen Abend seit 5 Uhr ist er ängstlicher als am Tage
wenn er sich ins Bett kommen sie gewiß
    jezt┐kollerts herab von Ober zum Unterschenkel herab,
    ┌ Schläge oben und unten
    └—— dieß nun vor oder nach den Schmerzen
den Sommer durch in der großen Zehe Schmerzen wie gichtisch
    wie in den Armen zu andrer Zeit
Je mehr er Schmerzen hat, desto schlechter der Magen

da kann er von einer Semmel die Nacht durch 50, 60
    abgehende Blähungen haben
Abends Nacht, vorzüglich Nachmitternacht die schlimmsten
Stunden
Leidenschaften haben wenig Eindruck

Seite 296
18. Januar 1815

seit gestern Abend keine Nervösen Zufälle
fing zuweilen an, und war als wenn sich der Backe
        eiskaltes Wasser näherte
    aber da er glaubte es fange der Schmerz an, wars wieder weg.
beim Niederlegen um 11 Uhr fings im rechten Backen an
    durfte nicht im Bette bleiben, war nicht heftig
    erst von 1 ½ bis 2 ½ Uhr wars wechselweise schlimm
schlief dann von 2 ½ Uhr – 7 Uhr ziemlich ruhig
in gewöhnlichen Zeiten zwang Mal Stuhlgang, heute bis
    nicht ganz dünn
    und in der Krankheit durchfällig
    wenn er sich wohl befindet, doch breiartig
sonst auch, auch oft ein feines Jücken im Gesicht
        und immer schnell vorübergehend
        dabei wie ein Feuer was in in Kopfe in die Höh Pährs
        was nicht schmerzhaft aber ihm sehr empfindlich ist
heute und gestern weniger, als sonst.

Seite 300
19. Januar 1815

vorige Nacht gar keine Schmerzen gehabt
    doch Mitternacht sehr herumgeworfen von 12 – 2 Uhr
Abends ward er schläfrig, wie er aber ins Bett kam, konnte
        er nicht schlafen, ausser nach ½ Stunde
von 2 Uhr an bis früh gut.
weniger geträumt
heute ein Paar Mal ein Ahnung von Ziehen auf der linken Seite
        bald vorüber gehend –
        als wenn ihm jähling jemand auf die Theile Luft
        wehete, was ihm empfindlich wäre
hat aber heute 3 Stunden gegeben
    Kopf etwas angegriffen   Ziehen im Kopf, schnell weg
                            auf der rechten Seite

und zwischen den Schulterblättern, wie eine Art Druck von

innen heraus

aber bei Bewegung weg

Seite 304
20. Januar 1815

an ☿
— auf der rechten Seite fürchterlicher Zahnschmerz seit
    4 Uhr Nachmittags
wußte schon heute voraus daß er Zahnschmerz bekommen würde
— ein Reißen wihr und weniger, und je weiter er rauf steigt,
    desto gelinder ist er
dabei Heißhunger mit einer fieberhaften Empfindung im Mund
    und Vollheit
— davon der Backe tactu empfindlich
seit gestern Abend Nervenschwäche   konnte nichts eisernes
    selbst kein Geld in die Hand nehmen

                { kann nicht sehen und hören }
                { daß jemand die Hände }
                { reibt }

    viele Personen waren ihm fatal heute
seit gestern Luft empfindlich
auf der linken Seite Aufwallen in Höhe Augenblicklich
diese Nacht sehr unruhig geschlafen, und geträumt, ohne Schmerz

Seite 308
21. Januar 1815

gestern Abend Ruhe bis 10 Uhr und ganz wohl
    dann Schmerzen auf der rechten Backeseite mit Unterbrechung
        von ½ Stunde und während der Schmerzen Heißhunger
    wäre wie gestern aber öftrer gewesen
    von den anderen Schmerzen heute 4 Nachmittags
        nur einen einzigen Anfall
            und nicht krampfhaft
    nichts an den Drüsen
heute Nervenschwäche viel weniger, und kräftiger als gestern
    auch wenig Aufwallen
heute wohl 6 Mal eingeschlafen aber immer wieder aufgewacht
    im Schlaf Träume von Mord und Tod
    im Aufwachen Schmerzen
heute Nachmittag eine Stunde geschlafen
    wenig exaltirt

114

im Kauen hörten allemal die Schmerzen in den Zähnen auf
   aber dagegen Schmerz im Kreutze.
Munter – habe Vorempfindung daß er diese Nacht auch nicht
   schlafen würde

Seite 309
22. Januar 1815

heute weit wohler
wohl bis 10 Uhr Abends   dann zu Bette und schlief gleich ein
in einer ¼ Stunde kamen heftige Schmerzen in der rechten Backe
    mußte raus, aß ein halben Zwieback weg, da waren die Schmer-
      zen weg
schlief bis 1 Uhr, dann kamen die Zahnschmerzen wieder (Reißen,
   greifen aber nicht an)
           aß gleich etwas und sie waren weg
              muß aber auf der schlimmen Seite kauen
              wenns helfen soll
                        um 7 Uhr wie er aufwachte
                        den lezten Anfall gehabt
                        aber all nicht heftig
heute gar die Nervenschwäche nicht.
bei den Schmerzen auf der linken Seite (die er jezt gar nicht
   mehr hat)
    knickten ihm die Knie und es war als wenn der ganze K[örper]
      aus ein ander fallen sollte
gestern 7 Mal Stuhl ohne Diarrhön, jedesmal nur wenig
guten Appetit
und heute im rechten und linken Arm einen augenblicklichen
   Schmerz, wie
    nach einem Schlage, jezt etwas länger   1 Minute
in der Brust durch den Unterleib Stich augenblicklich
ein Drücken zwischen den Schulterblättern, was von innen
   heraus wirft
heute den ganzen Tag und gestern auch – blos bei den Zahnschmerzen nicht
nicht übel geträumt
ein Jücken am After und an der Hüfte und an der Stirn, was
   ihn halt aufweckte

Seite 316
24. Januar 1815

heute noch besser   um 10 Uhr zu Bett und geschlafen bis 11 dann
   Zahnschmerz nicht arg, etwas

gegessen und wieder geschlafen bis 12 Uhr da kamen sie
  wieder, geringer, aß
wieder etwas, um 1 Uhr kam auf die linke Seite Schmerz
  drückend da
laß er etwas bis 3 Uhr dann auf dem Stuhl eingeschlafen
  dann im Bett
die linke Seite war schon gestern den ganzen Tag angegriffen, schon von
      Schnauben thats in Backe weh
die Schmerzen auf der linken Seite waren sehr leicht
  konnte dabei schlafen
doch erquickend geschlafen, sehr wohl aufgestanden, guten
  Appetit
Auf der linken Seite nur noch ein kleiner Schmerz
diesen Nachmittag 3 ½ Uhr wieder ein kleiner Anfall rechts
  nur ¼ Stunde. Ehe aber der Heißhunger
hatte vor 4, 5 Tagen bei jeder Bewegung Schweiß vom Unterleibe
aus, was ihn angriff

Seite 317

kömmt, hilft das Essen nicht.
Ehedem kamen die Zahnschmerzen jedesmal aufs Essen
  6 Wochen lang
heute wenig gereitzt, und kräftig
      ⎰ oft Täuschungen wie heute, wo ihm jemand begegnete, von ⎱
      ⎨ dem er glaubte, daß er ihn todt stechen könnte ⎬
      ⎩ beim Schmerzen wie heute, ist er sehr aufgelegt zum Zorn ⎭

Seite 325
26. Januar 1815

Reißen in der rechten Seite von Abends 10 – früh, ward zwar
  durch Essen gedämpft
      aber dann doch unangenehmer │ die Nacht von 12 – 3 Uhr
      am schlimmsten
auf der linken Seite auch zugleich im ganzen Gesicht, ein
  Ziehen und Reißen
      und [?] stechendes Drücken
⌐ früh von 7 - 8 ½ dann 10 - 11 und von 12 - 1 ½ Uhr süß
│   geschlafen
└──── von da an keine Schmerzen bis Abend 6 Uhr – da gings
⌐ jezt ein Jücken im ganzen Gesicht vorzüglich an der Nase
│ wo keine Zähne sind, die meisten Schmerzen

116

Speichel fließt im Mund zusammen jezt
wenn der Schmerz am heftigsten ist, sieht und hört er nicht
und kein Speichel
Kälte durch den Mund
                  wenn der Schmerz vorbei
                  ist, kann er die Theile brauchen
                                unschmerzhaft
statt der fliegenden Hitze – doch bleibt sie als Vorbote
am rechten Mundwinkel reißen und dabei Zuckenempfindung im
    ganzen Körper
ausgefahren an der Seite des Kinns
(in seiner Jugend Krätze gehabt
fährt auch jezt zu weilen aus – einmal im Gesicht ausge-
    fahren
        und da hatte er keinen Schmerz)
4 ℔, No 4 Cinch alle 4 Stunden eins

Seite 328
27. Januar 1815

um 10 Uhr – 11 ½ Abends nach dem Niederlegen wieder Befall auf
    der rechten Seite
    schlief bis 2 ½ (nahm 2 Pulver) nicht bedeutender Schmerz
        nach Aufsitzen von 10 Minuten vergings
    dann geschlafen bis 6 ½ Uhr – nahm um 7 Uhr das dritte
nun um 10 Uhr ein Anfall (neu)   Reißen rechts, schneidend oben im
    Gesicht
um 11 Uhr Cinch genommen
glaubt weil seine Kräfte jezt wieder da sind, auch seine
    Schmerzen
        heftiger werden werden
gleich in und nach dem Schmerz Phantasie sehr gereitzt
    bis zur fixen Idee besonders in vorvoriger Nacht.
kann seit 9 Uhr gestern Abend die große rechte Zehe nicht
    schwebend erhalten ⌐
                └ muß sie immer bewegen
        ┌ Fuß hat keine Ruhe
        ├ schon den Sommer über gehabt, da wars aber Schmerz
        └ durch Gehen mindert
kann sich heute nicht erwärmen
öfteres Jücken an diesen Stellen
4 Conche bis morgen früh

117

2. Konsultation am 27. Januar

NB Cinch den ganzen Vormittag auf Cinch Verdrießen
Mittags ordentlicher Appetit. Stuhl gleich nach Tisch (was
    sonst nie war)
Nachmittag heiter
doch starke Vorempfindung von kommenden Schmerzen, selbst
    beim Essen (in der linken Seite) was sonst nie war; die-
    sen Abend aber ist sie weg
um Anfall in der rechten Backe große Vorempfindung,
    als aber der Schmerz anfangen sollte, verging alles im
        Freien

> ohne Schweiß
> vorher am
> Unterleib
> gemacht zu haben

hatte um 1 Uhr Fieberfrost, den er auch gewöhnlich vor den
    Schmerzen hat.
das im Fuß nennt er Spannung und Lähmung
(beim Liegen im Bett gewöhnlich Klamm in der Kinnbacke)
den ganzen Nachmittag heiter, ausser der Furcht vor kommen-
    den Schmerzen
              — und thätig ohne überspannt zu seyn

28. Januar 1815

Wiek 29   11 ½ Uhr und 5 ½ Anfälle von Schmerzen an der rechten
        Seite
        nicht heftig. Zog sich eben nicht nach den obern
        Theilen
etwas Gehen und Essen macht schnell Schlaf
Nachmittags um 3 Uhr den lezten Anfall von 10 Minuten
    ohne Angst
        (ein großer Anfall macht gleich Schweiß vom Unterleib
        aus
            über den ganzen Körper)
        diesen Morgen ward (nicht unangenehm afficirt)
wenig gebracht aber Disposition zu heftigen Anfällen
    die er fühlt
    - nämlich bei der geringsten Anstrengung und Bewegung
      gleich überreitzt
         worauf Nervenschwäche von ¼ Stunde lang, vorzüglich
           wenn er sich
           auf etwas fixirt

weniger Nervenschwäche wenn er Jücken hat, ein brennendes
    Jücken, beissend und fressend
2, eine dumpfe Empfindung und Spannen in den Kinnbacken
    (die Nacht wird zuweilen die Kinnbacke verschlossen)
3, den leidenden Theil des Zahnfleisches darf er nur berühren, so
    erfolgt plötzliches Reißen, was gleich vorbei ist
    diese Vorempfindungen waren gestern wie heute (wie Franz da
      war keine)
      (jezt in meiner Gegenwart wenig)
4, Mislaunig und eigensinnig überreitzt, unruhig (was nicht ist,
    wenn er
      große Schmerzen ausgestanden hat, dann ist der Kopf frey und
      heiter)
      drängen sich mehrere Ideen untereinander – sucht sich zu
    beherrschen
Nachmittags und gegen Abend schlimmer
5, bekömmt alle halbe Stunde Anfälle welche sehr unangenehm sind
    ohne schmerzhaft zu seyn
    wird kalt der Theil   augenblicklich vorüber gehend
6, ängstlich, heftig
7, Schlaf unterbrochen durch Zucken durch den ganzen Körper,
    vorzüglich beim Einschlafen
    diese Nacht besser als jene geschlafen
    heute 4 Mal offenen Leib gehabt, erster durchfällig
    gestern 6 Mal.
    Schmerz im Fuß unbedeutend
    das Hereinbrennen links nicht mehr   4 Conche

Seite 337
29. Januar 1815

diese Nacht um 12 Uhr und um 3 Uhr im rechten Backen
    ein dumpfer zerstörender Schmerz   von Essen vergings
    6 – 8 Minuten lang | dann bis 7 Uhr früh geschlafen
heute kräftig und nicht gereizt, heute wenig oder keine
    Nervenschwäche
Nachmittags 3/4 auf 6 Uhr den Anfall gehabt 5 Minuten.
    Essen half.
diesen Abend der Kopf angegriffen über die ganze Stirn
Appetit, offener Leib 3 Mal bald hintereinander, dann nicht
    wieder
4 Conche

diese Nacht nicht so schlimm
von 10 Uhr bis um 4 Uhr Nachmittags schlimm im Backen
   sehr roth dann kam das Jücken
      Empfindung in dem Gelenk und Spannen in der Zeh
      von der Pollikar. M. Schmerz im Backen etwas größer und
im rechten Fuß und dann auch im linken Fuß
      das Jücken ward zur formicatio Ameisenlaufen und schlimm
      und Spannen in der Zeh ward schlimmer und bis um 10 Uhr
und dagegen immer wohler im Kopf
um 12 ½ Uhr kams wieder in der Backe   schlief bis dahin aber
                            in großer Unruhe
      mußte etliche Male heraus gehen und essen
dann weg bis 3 ½ Uhr wieder raus, ob er gleich nicht heftig
    war, 10 Minuten
und um 6 Uhr wieder auch nur etliche Minuten
heute ganz wohl   fort um 9 Uhr Anfall der nicht heftig war, aber
    schwitzte über und über ½ Stunde
nun glaubt er, in ein Paar Tagen müsse es auf der linken Seite
    kommen
vor dem großen Schmerz wird die Nase ganz kalt
jezt fängt das Jücken wieder an, und da erwartet er keinen Anfall
gestern Abend 9 Uhr war er ganz wohl   dagegen gelähmt an den
    Armen auch etwas an den Füßen
Nie etwas venerischs
jezt in 6 Tagen keine Pollution
wenns aber anfängt 2, 3 nacheinander
bei Zahnschmerzen gereitzt, Erektionen
jedesmal früh Erektionen auch nach gutem Schlaf
      die Geschwulst hinter den Zähnen immer empfindlich
Nux Cocc. (Tox)
heute N̥ riechen

gestern Nachmittag ohne Schmerzen, und in der Komödie
Abends von 11 Uhr an alle 2 Stunden bis 6 Uhr früh lezter Anfall
    aber alles gelinder
gestern Nacht ein augenblicklicher Schmerz an der linken Seite
ein heftiges Grimmen auf der linken Seite des Backens
allgemeines Jücken nachgelassen, blos heute Mittag ums Knie
heute Rucken in der rechten Hüftgegend
    auch im Unterleib ein augenblickliches Reißen.

dreimal offenen Leib nicht hintereinander
2 ƒ diesen Abend
heute früh ein Schwindel mußte sich legen zitterte er,
    ein Augenblicklicher Frost ½ Stunde   konnte nicht aufdauern
    und Heißhunger und da er ihn befriedigte, war alles weg
Vor 13 Jahren Krätze 1 ¼ Jahr lang und seit dem immer jückende
    Blüthchen an der rechten Hüfte – vor dem Jahr auch an den
    Schenkeln
wenn er die Zahnschmerzen hat, ist der Ausschlag weniger

Seite 355
3. Februar 1815

vorvorige Nacht zwei unbedeutende Anfälle und sehr gut geschlafen
gestern Vormittag wohl   Mittag gut gegessen
Nachmittag Spaziergang um die ganze Stadt, das bekam ihm nicht
    war matt und Nervenschwäche – dann 4 ½ Uhr Anfall
        essen half
Essen hilft nun auch liegend
        ⌈ um 5 ½ Kopfschmerzen, doch nicht zu heftig
        │ die Nacht gut geschlafen
        ⎨ diese Nacht nicht so gut geschlafen nach dem Spaziergang ⎬
        │ ein Paar Anfälle die Nacht und heute früh 11 ½ und um
        ⌊   3 Uhr
vorvorgestern that schon
        das linke Zahnfleisch weh und
    er glaubte, es käme da; ist aber vergangen
hat sich jezt im ganzen Körper verbreitet
große Nervenschwäche – wenn er nur dran dächte daß ein Stück
    Eisen zusammen
        gerieben würde, so könnte er sich den Anfall machen
Jücken heute im Gesicht und dem Haarkopf
    und den Knien   und Rückenschmerz immer vorzüglich beim
        Stillsitzen und besonders beim ersten Aufstehen
gestern nur 2 Mal offener Leib, sehr guten Appetit, ohne Be-
    schwerden drauf
heute frostig, und Nachmittags Durst
wirft nach dem Essen Schleim aus, Essen schmeckt nur halb
        ⌈ heute noch 2 ƒ ⌉
        ⌊ an Puls Nux   ⌋

Seite 359
4. Februar 1815

heute noch wohler als gestern
ein Paar (3) Anfälle, brauchte nicht heraus

heute ein einziger Anfall um 3 Uhr   allemal halfen Essen
heute fast gar keine Nervenschwäche, nur gegen Abend etwas, doch
    auch heute weniger als gestern
das Uebelbefinden im ganzen K[örper] heute fast gar nicht.
Aber das Grimmen ist stärker
Körper fester heute. 2 ♂

Seite 365
5. Februar 1815

hat sehr unruhig geschlafen, umwenden, munter, doch weniger
Anfall 3 Mal, waren nicht stärker
heute in die linke Backe gekommen, wüthet drin, wie kalt, ist
    als wenn er halb tod wäre, doch nicht zum Ausbruch
heute um 10 ½ 3 und 4 ½ Uhr in der rechten Backe   doch hilft
    Essen
schwitzt leicht beim Gehen
doch hat der Körper jezt mehr Wärme | sonst starben Füße und
    Hände ab.
berührt mit den Daumen in beiden Unterkiefern
um etwa morgen Br.

Seite 369
6. Februar 1815

gestern Abend heftiges Gähnen
diese Nacht rumgeworfen bewustlos fast unabgebrochen Schmerzen,
    wachte oft
        drüber auf – schlief doch besser als jene Nacht
        ob er gleich mehr
        Schmerzen hatte
hatte heute Anfälle
        weiß es jezt 10 Minuten voraus, ißt er dann zum voraus
        so unterdrückt er zwar die Schmerzen, aber es ist ihm dann
            desto
        schlimmer – so schwer im ganzen Körper ziehen und reißen im
        ganzen Körper
hält ers aber aus, und ißt dann, so ists besser
heute die Zehe kalt und frostig
die Pollikarman. hat doch die Schmerzen links gehoben
    und selbst das Zahnfleisch ist nicht mehr schmerzhaft
keine Nervenschwäche | nicht leicht heute beim Gehen geschwitzt
ist ihm als wenn er nicht geschlafen hätte die Nacht
        will die Zähne rechts herausheben | ängstlich.
h,   Br. riechen und 2 ♂

Seite 372
7.(?) Februar 1815

die Schmerzen kamen um 10 Uhr   aß – halb ¼ Stunde
   10 Minuten unendlich
         um 12 Uhr halfs nicht mehr
         eher verschlimmert
aber von 3 Uhr die Nacht an fings an
war in der ganzen rechten Seite das Gesichts reißend
auch in beiden Armen ein nervöses Reißen
und in dem übrigen Körper ein Pochen in den Adern
   bald hie bald da
den Morgen war er wohl, und heiter bis Mittag
         gerade beim Essen den Anfall bekommen dauerte ½ Stunde
         schlief dann 1 ½ Stunden
besonders wenn er warmes in den Mund bekömmt, ists schlimm
seit 2 Uhr Vorgefühl heftiger Schmerzen
         ∠ welches immer mehr und mehr zu nimmt
         und wird immer ängstlicher
augenblicklich Schmerzen seit diesem Vorgefühl
         glaubt auch auf der linken Seite die Schmerzen diese oder
         künftige Nacht
Appetit nicht recht gut, mal Blähungen
heute und gestern dreimal durchfällig
mußte aus dem Bette, mußte auf den Dielen liegen und aufspringen
jezt wo er hinfühlt mit dem Finger im Gesicht pulsirts
auch Rückenschmerz jezt – die Nacht fast nicht.
die Nacht mehr ein reißendes Stechen.
jezt präparirt und Volar
jemehr er Zahnschmerzen hat, desto weniger Nervenschwäche
         heute afficirt ihn das unangenehmste nicht.
das Calmiren machte Gähnen   NB

Seite 377
8. Februar 1815

die Krankheit ganz anders
legte sich um 11 Uhr hin   schlief bis 5 Uhr
um 5 Uhr ein dumpfer Schmerz im rechten Kiefer, läßt nicht   so wars
         schlafen, wenn sich der   den
               Körper schon durch Schlaf etwas erholt hat, oder er sich   ganzen
               aufsetz 5 Minuten   Sommer
dabei ist Uebelkeit und kein Appetit, kein Tabak   [*]
         Nach dem Essen ganz blaß und ermüdet, kann sich des Schlafs
               nicht enthalten
seit 3 Uhr Schmerz in rechter Kinnbacke heftiger

an Tox

darf den Zahn gar nicht berühren nicht drauf kauen
ist so daß er immer dran drücken muß, läßt ihm keine Ruhe,
etwas so ängstliches – kein deutlicher Schmerz
die rechte Seite des Kiefers ist wie gelähmt und empfindlich
gegen die Kälte
muß es verbinden
heute Reitz zum Stuhle ohne Erfolg (und doch to[?])
Stuhl ohne Durchfall
Nux riechen und 2 ♪

Seite 378
9. Februar 1815

eine sehr üble Nacht   von 12 – 4 trat die Geschwulst rechter
Seits vor
Schmerz preßte Angst aus – fiel 100 Mal auf die Erde um sich
frostig am   zu betäuben – mehr ein Drücken
Tage – geräth   Schmerz ging bis in den Schlaf herauf

Cinch?

leicht in Schweiß   auf beiden Backen augenblickliches Brennen
und mehr Durst

beim Schmerz ziehts
die Kinnbacken zusammen
daß die Zähne zu stark
aufeinander drücken

von 4 – 9 und von 12 ½ – 1 ½ Uhr geschlafen
ist am Tage über so eine Spannung im Kiefer mit Schmerz verbunden
von 12 Uhr Nachts war der Schmerz immer stärker geworden
von 12 – 4 Uhr in einem fort rumgelaufen, mußte aus dem Bett
im Rücken Schmerz – auch Schlagen in den Adern
ist 6 Mal zu Stuhle gegangen mit Leibweh, schwer und drückt
und geht wenig ab, des argen Reitzes ungeachtet
die Drüsen unter dem Kiefer Thun tactu weh
von dem Lippenwinkels bis Nase die Nacht ein Schmerz als
wenns wund wäre und man Salz einstreute
Schmerz derselbe wie um diese Zeit Nachmittags
zweimal Volar   Morgen etwa Nordpol   Cinch
Tox.

Seite 384
11. Februar 1815

sehr unruhig jene Nacht eben so schmerzhaft
gestern Abend von 8 – 10 ½ Uhr heftiger Anfall, von da er wie
tod geschlafen hatte

124

(Schmerzen sind so innerlich und angreifend)
diesen Nachmittag von 12 Uhr – 3 Uhr den heftigsten
   Anfall gehabt

                  unerträglich als wenn sie das
                  Leben auflösen wollten

Zahnfleisch wird immer empfindlicher
    auch äusserl. schmerzhaft
das Fieber gestern und heute um 5 Uhr eine Art Frösteln
ist in den Zähnen kein Drücken, und durch Durchbohren
2 ℈ Verat. med. jezt und morgen früh 2 ℈
   (nord 1 Minute   2 ℈ morgen)

Seite 387
12. Februar 1815

hatte um 6 Uhr Verat. bekommen und war dann ganz frei
diese Nacht von 10 – 4 Uhr unbeschreiblich schlecht
   ward der Theil wie eingeschlafen, und wenn ers anfaßte, so
   war sehr erschöpft
von 4 – 8 Uhr geschlafen
       thats weh wie Wunde worein man Salz streut
       um das Ohr herum sehr schlimm
       auch die Unterkieferdrüse wollte es zer-
         reißen und zersprengen
       durfte kein Augenblick still stehen die
         Nacht
       konnte kein Glied still halten, mußte auf
         der Diele liegen
schwitzt jezt bei jeder Bewegung, auch jezt um 11 ½ Uhr Mittag
heute med. Cinch. und 2 ℈   an Magnet

Seite 392
14. Februar 1815

von China Vormittags die Vorempfindung
drauf eine große Schwere im ganzen Körper und die Schmerzen war   NB Cinch.
   wie verhalten   [?] NB
Nachmittags von 2 Uhr an zwei Stunden in einem Strich geweint   [*]
   und dieß weinerliche blieb
     die Nacht und dumpfe Schmerzen
schlief gar nicht, vor Angst mußte er bald da bald dort zubringen
gestern Nachmittag bis Abend heftige Kopfschmerzen, während
   dessen er keine Backenschmerzen hatte
    ein Drücken im ganzen Kopf und fuhr bis in den Nacken

nachgehends kam der Schmerz in die Unterkieferdrüse und unter
der Zunge rechts
    ganz hinten ein kleiner Punkt stechen, so daß er die Theile
    beständig
    berühren muß, aber wenn er kein Schmerz drin hat darf ers
    nicht berühren so reißt bis in den Kopf Schulter und Magen
    und hat eine [?] übrig in der [?]
er ist keine ¼ Stunde beständig der Schmerz
    die Nacht brach der Schmerz vollends aus
    ganz bis früh 9 Uhr an gedachter Stelle
Seit Sonntag Rückenschmerz sehr arg
heute Nacht einmal ein Jücken an der Achsel und drauf wie eine
Lähmung
    des Arms während die Hand glüht

                    ⎰ im Schmerz kann er nicht ⎱
                    ⎱ weinen – blos Schweigen ⎰

jezt um 12 Uhr im Ohrknorpel Reißen
    Schmerz meistens in den Muskeln des Backens, jezt blos bei
    Berührung empfindlich

                ⎧ daran heftiges Gähnen, ⎫
                ⎨ dann Kopfweh ⎬
                ⎪ und dann Schmerz in ⎪
                ⎩ der Fußzehe und Weinen ⎭

konnte heute nicht einmal das Fleisch schneiden sehen
Blüthchen im Gesicht, die augenblicklich wieder vergehen
und während des Schmerzes Erektionen
wollte die Nacht fortlaufen
nach dem Mesmeriren fing er heftig an zu weinen
    durfte ihm nicht 3 Schritte nahe kommen

Seite 396
15. Februar 1815

diese Nacht gings auf die linke Seite   seit 3 Uhr Nacht
gestern Abend schwer einschlafen nach ½ Stunde munter
    hatte dann bald oben bald am Halse blos Reißen rechts
        mußte heraus, aß etwas, weil Heißhunger dabei war
schlief dann 1 Stunde | Um 2 Uhr wieder etwas essen
    dann geschlafen sehr unruhig
der Schmerz links nahm früh zu
den ganzen Sommer mit Kopfweh aufgestanden das immer 1 Stunde
dauerte
    auch diesen Morgen solches Kopfweh
seit Mittag fast gar nicht Schmerz links
          ⎧ hatte jezt wieder Schmerz ⎫
          ⎨ fuhr aber in die Glieder wie Reiß ⎬
          ⎩ in den Fuß ⎭

126

seit ½ Stunde Schmerz Reissen rechter Seite

Kopf beschwert

NB Mesm.

[*]

| nun Volar Mesm. davon erst Müdigkeit |
| dann Gähnen |
| in der großen Zehe Vorempfindung Schmerz |
| Spannen |

heute auch Kitzel im Mund

gestern Nervenschwäche konnte niemand leiden

wenn er mit Wasser an die linke Backe kömmt so entsteht ein

  feurig brennender Schmerz   1 Sekunde

Seite 399
16. Februar 1815

heute besser, Schmerzen kamen nicht zur Reife | Abends heiter

um 10 Uhr konnte nicht einschlafen, war zu lebendig zu kräftig

dann kam Reißen um den Kopf hie und da ohne innerliche Angst

nach einer Stunde eingeschlafen

Um 12 Uhr aufgewacht legte sich hie und da rum, mit nicht

  heftigen Schmerzen

    nach 3/4 Stunde mußte er heraus, mußte weinen, ward ihm sehr

      angst

    sehr warm, Schweiß im Gesicht, dann ¼ Semmel, ging etwas rum

    und schlief bis 1 Uhr mit furchtbaren Träumen, daß ihn das

      leiseste

Seite 400

Geräusch erwecken konnte

  war doch munter, gleich als wenn er gut geschlafen

heute um 9 Uhr ½ Stunde Seitenschmerz Reißen und Stechen

  dabei leicht und wohl

  dann durch Musik exaltirt

    und so gleich Schmerzen um 12 ½ Uhr

      doch ohne innere Angst

    ein Heißhunger in den ganzen Zähnen

      mußte etwas essen

heute wenig oder kein Rückenschmerz.

Lust zur Musik gehabt

1 Präpar und 4 Mal Volar.

schlief von 11 - 12 Uhr dann aufgewacht - schlief dann bis 6 Uhr
    zwar unruhig - doch weniger unruhig als gestern
hat die gehörige Wärme
Schmerzen weniger als gestern. Keine Nervenschwäche
obwohl nicht ganz voll Kraft

so exaltirt er war und nicht gut bis 1 Uhr einschlafen konnte
hat heute keine Schmerzen gehabt   seit Mittag nur, nachdem er
    Vormittags 1 Glas Wein getrunken
        in den beiden Zähnen, als wenn sie rausgeschraubt wären
          reißt bis in die Schläfe.

die reissenden Schmerzen, die durch Mesmerisms erhöhet wurden
    dauerten bis 10 Uhr, erhöhet.
wie sie aus vorüber waren, mußte er noch 1 Stunde wachen
dann aber geschlafen bis 6 Uhr
heute nun unbedeutende Schmerzen   blos diesen Abend beim
    Regen
        da er unterwegs naß ward
jezt wenig - blos ist der Zahn etwas empfindlich
Gemüth ruhig.
        heute früh (wie ehedem) zu Ende der Pfeife
          Uebelkeit und etwas Kopfweh   │   in 2 Stunden ist alles
          weg.

die Nacht wenig Schmerzen von 12 - 6 Uhr geschlafen und nicht
    ausgeschlafen
blieb dann noch bis 7 ½ Uhr im Bett davon bekam er aber Kopfweh
was aber verging

nun wird der Magen wieder schlecht, Weißbier macht ihm Blähungen
wohl Appetit, aber Essen bekömmt ihm schlecht, befindet sich
   nicht wohl
     ist zu voll drauf – drücken
früh so verschleimt im Munde
Nervenschwäche – nach ¼ Stunde Schlaf wars weg – fängt jezt erst
   etwas an.
Schmerzen auch heute – eher mehr heute als gestern
heute mehr Rückenschmerzen, zu Stund
doch auch heute ein augenblicklich kaltes Hineinfahren in den Mund
so müde heute und schläfrig

was
sonst
auch war
und noch
schlimmer
[*]

Seite 418
22.(?) Februar 1815

Im ganzen besser; um 11 Uhr zu Bett   war sehr müde
   und geschlafen bis 3 Uhr   dann durch Jücken aufgeweckt
     welches 2 Stunden anhielt
    besonders an den Oberschenkeln | auch etwas an den Armen
   entstanden Blasen durch Kratzen
ein erhöheter Flohstich mit Brennen gemischt
    ward ärger durch Kratzen
drauf Schnupfen arg, mit Stechen im Halse
    Schleim versetzt sich daß er kein Odem bekommen kann
er hält wohl 3 Wochen sonst an.
durch viele Freie Luft
seit 1 Stunde Zahnschmerz der sich in der Ruhe giebt.
heute weniger Uebelkeit als gestern
doch 4 Mal offener Leib
früh Magen überfüllt daß er kaum ½ 3 Semmel genießen kann
Mittag ißt er, es bekömmt ihm aber nicht.
viel Schleim durch Raksen weg.
heute keine Nervenschwäche als bis vorhin
wieder 1, und 4 positiv mesmir.

Seite 423
24. Februar 1815

jene Nacht bis 5 ½ Uhr geschlafen
gestern wohl nur viel Schnupfen (den er 2 Jahre nicht hatte)
diese Nacht nicht so gut geschlafen mit Traum
dann zwang er sich noch zu schlafen, aber da waren schlimme
   fürchterliche Träume

129

heute Schnupfen wieder in Stock gerathen, daher heute einige
  Schmerzen in hohlem Zahn
etwas abgespannt.
deshalb heute den ganzen Tag etwas Kopfweh.
  gestern Abend sehr viel gekollert
Appetit gering, zwei Semmel - wie in Gährung als wenn Blase
  aufspränge
(früh und) nach dem Essen sieht er blaß und elend, wie ehedem
zuweilen früh gut aussehen - kann fast nichts mehr früh genießen

Seite 426
25. Februar 1815

die Nacht schlecht geschlafen, warf sich herum, war ihm warm
doch keinen Schmerz   etwa von 12 - 3, 4 Uhr geschlafen
kann kein Frühstück essen, Warmbier ist ihm zu viel Nahrung
Mittag ist Appetit und er kann was essen
ist müde nach dem Essen
nun nur präparirt und 2 Mal gestrichen
heute also weniger Schmerzen
gestern Abend viel Schmerzhaftes Spannen in dem
    rechten Gesichtsknochen nach dem Auge zu,
        heute einen ängstlichen Anfall im Zahn
        6 - 8 Sekunden
        jezt um 6 Uhr Zahn
            wie in die Höhe geschraubt
        Zahnfleisch wohl noch etwas [?]
            aber nicht mehr empfindlich
muß sich plagen mit dem offenen Leibe
    vorgestern 3 Mal, gestern 2 Mal
    heute wohl 4 Mal zum Stuhle geneigt und geht nur sehr wenig
                                                        dünnes
doch ist früh der erste Stuhl ordentlich

Seite 429
26. Februar 1815

hat nicht mehr als vorige Nacht - doch gegen Morgen bis 1 Uhr
    geschlafen
besonders nach Tisch sehr müde - und heftiges Aufstoßen,
    auch früh nach dem Warmbier
auch Nachmittags unter fürchterlichen Träumen geschlafen
keine Nervenschwäche keine Schmerzen
Magen wie schwer, Mittag wie gestern gegessen

130

Spannen im Gesicht sehr wenig
heute 2 Mal Stuhl

  ⎧ diese Nacht mit Blähungen geplagt ⎫
  ⎪ davon wacht er auf und kann nicht ⎪
  ⎨ eher schlafen als bis er was ⎬
  ⎩ los geworden ist ⎭

Seite 435
28. Februar 1815

jene Nacht nicht recht geschlafen   zwar gleich eingeschlafen
  aber oft aufgewacht   nicht nach dem Takt des Puls
sind mehr Rucken und Stoßen und da ein Pochen im Kopf fühlt den
  Puls an allen Theilen auch an dem Körper
auch am Körper ein unschmerzhaftes Anklopfen oder Kollern
immer beängstigt, wie im Odem
heute 6 Mal zu Stuhle, wenn er nicht geht so hat er Grimmen
diese Nacht noch schlechter geschlafen, 20, 30 Mal aufgewacht,
  wird aber nicht ganz munter
    wühlt das Bett umher und schläft immer wieder ein – nach
      diesem Morgenschlaf Schmerz in Backe
nach dem Essen heute Husten
nach allem Essen und Trinken ein Aufstoßen als wenns der Magen
  wieder von sich geben wollt
heute wieder reitzbar und ärgerlich
so wie er anfängt zu schlafen, Träume – gegen Morgen noch mehr
  darf dann nur die Augen zu machen
im rechten Backen so drückend – thut auch weh
  ist als wenn er die Anfälle bekommen sollte
        ⎧ heute noch Palmar, aber Tr. vorher Tox. gerochen ⎫
Schwere im Kopf die Nacht bis früh
beide Nächte Pollutionen
am Tage beängstigt vom Magen, welcher zu voll deuchtet
    ⎧ zu wenig Geschmack ⎫
    ⎪ bei aller Ueberladung und Vollheit ist ⎪
    ⎨ doch ein Reiz im Magen ⎬
    ⎩ eine Art Hunger ⎭
Zuckt seit ½ Stunden an allen Theilen, erschrickt ordentlich
  drin, nicht nach dem Takt des Pulses
und wenn er ganz still ist, ists als wenn die Glieder wollten
  einschlafen
wenn es zuckt bewegt es den ganzen Fuß
wenn er still sitzt empfindet er am meisten, muß sich
  bewegen vor Unruhe

an Acris
Tox
[*]

131

von Palmar dessen den Tox gerochen
   └nach einer halben Stunde besser, um 11 Uhr zu Bett aber um
      vieles ruhiger
      und von heute früh an bis Nachmittag 2 Uhr ganz wohl
      nur jezt von 5 Uhr an Zahnfleisch dick geworden glaubt da so
      Appetit gehabt und nicht übel bekommen
Weit gegangen ohne Beschwerden   präpar. und 4 Mal. Volar.

so wie gestern am Backen eher etwas geringer | nur gegen Abend
    etwas stärker seit 5 Uhr
       Magen besser   geschlafen – früh 4, 5 unruhig und dann
         lebhafte Träume
        └——— fremdartige Dinge
           ängstliche Sachen
           und Kopfweh beim Erwachen
hat gearbeitet und hat ihn nicht angestrengt, so gut als gestern
hat geschmeckt, und hat gegessen mit Appetit
3 Mal zu Stuhle   heute präp. und 3 Volar

im Magen noch etwas besser und im Kopf etwas schlechter
Spannen im Gesicht und ein Klemmen in den Jochbeinen gehabt
      doch nicht schmerzhaft
Nervenschwäche, vielleicht weil er zuviel gegangen ist heute
  └——je länger er ging desto mehr, ist gegen Eisen empfindlich
heute öfters stark geschlagen in den Oberschenkeln.
die Nacht schlecht geschlafen – ein heftiges Jücken gehabt,
    wie Wanzenstich
                 └—und Träume hielten ihn ab – ängstlich
wenig Kopfweh früh   gestern halb 9 Uhr eingeschlafen mußte
    aber vor ängstlichen Träumen um 10 Uhr aufwachen
vorzüglich nach dem Essen schwach   1 Präpar. 2 Volar.
den ganzen Tag so unruhig gewesen | nach Mesm. ruhiger

ruhiger und wohler
wohl Drücken im Magen nach dem Essen, doch nicht ängstlich
diesen Morgen wie schwindlig und wie wenn man das Gähnen
    unterdrückt
das Schlagen ist weniger
die Zahngeschwulst ist ganz weg
hat geschlafen
Pupillen erweitern sich im Dunkeln ungemein, ziehen sich aber
    schnell beim Licht zusammen
früh 2 Mal hintereinander Stuhl – Nachmittag 1 Mal wenig
das Spannen und Klemmen im Gesicht weit weniger heut

wenn er liegt so zuckts im Körper ein Paar Mal, ehe er einschläft
gestern nicht wohl
jenen Morgen eine Pollution – die Nacht zwei.
    schlief aber doch besser bis 8 ½ Uhr   hat sich heute hübsch
        befunden
            ohne Nervenschwäche
        kein Spannen im Gesicht
heute (was ihm immer ein übles Zeichen ist) ein Eiterbläschen am
    Rand der Oberlippe
        und Zahnfleisch am hohlen Zahn dick und schmerzhaft
        └ bei Berührung und vor sich, doch die Angst nicht dabei
und sei Hitze drin in der Beule
Kollern auf das wenige was er diesen Nachmittag zur Vesper
    gegessen
        legte sich nieder, konnte aber nicht schlafen wegen des
        Schlagens in Wade

eher besser als gestern | Zahnfleischgeschwulst fast gar nicht
    mehr schmerzhaft
öfters umwenden die Nacht, und nicht eigentlich Aufwachen
weniger beim Einschlafen gezuckt
Jücken die Nacht gehabt am meisten an den Dickbeinen
das Schlagen und Zucken in den Gliedern am Tage weniger
    beim Gehen weniger – aber beim Stillstehen

etwas Spannen im Gesicht
keine Nervenschwäche
Appetit selbst früh
Kollern heute nicht im Leibe aufs Essen

Seite 460
9.(?) März 1815

noch etwas besser – heute 2 Stunden ganz wohl
Schlagen noch, aber weniger, und nur wenn er weit gegangen ist.
Zahnfleischgeschwulst noch etwas mehr gesetzt
hatte sich heute etwas zu kalt angezogen
Appetit
Etwas Spannen im Gesicht, aber weniger
nur leise Schmerzen im Gesicht

Seite 464
10. März 1815

nicht so gut gegangen als jene Tage
      heute Nachmittag Geschwulst im Zahnfleisch wieder
seit ein Paar Nächten etwa 1 Stunde lang geschwitzt
      Schlaf doch besser und früh ganz munter
fehlt ihm was (glaubt Magnetism) und ist doch nicht matt
      wie Frost, möchte sich ausdehnen
wenn er sich zurücklehnt, ein Zittern – kann nicht ruhig bleiben

Seite 469
13. März 1815

ziemlich die Nacht
aber Tagesschlaf voll Träume
etwas Jücken im Gesicht

Seite 492
20. März 1815

das Schlagen sich gemindert, dagegen viel Zittern am ganzen
    Körper
Nervenschwäche früh, Abends vergings
muß diät leben, verträgt nicht Kuchen, Uebelkeit voll.

134

viel an Nervenschwäche gelitten bis 4 ½ Uhr besonders im
    Mund wie Empfindung von Eisen, die Haut trocken heiß
    ausser die kalten Füße
hatte Spannen, 16 bis 20 Mal   heute plötzlich heiß an einigen
    Stellen im Gesicht (vor einigen Tagen an anderen Stellen des
    Körpers
glaubt es sei Morgen besser | schlief ziemlich gut, obgleich
    lebhaft geträumt
Gehen bekömmt ihm nicht | diesen Nachmittag von 12 - 2 Uhr
    liegend sehr unruhig
jezt schlägts im Rücken, läßt ihm keine Ruh | Kälte sehr
    empfindlich

die Nacht sehr unruhig und geschwitzt   glaubt von Thee
heute kam Nervenschwäche erst Mittag, legt sich wieder
    und bekam Zuckungen (Zusammenfahren in den Armen und Füßen)
        so eine Unruhe
        dann wards aber wieder ruhig
das Spannen im Gesicht weg

gestern keine Nervenschwäche, aber gestern Abend nach 7 sehr
    stark
mußte fortgehen konnte das Bewegen der Messer und Gabeln
    nicht hören
dieß legte sichs – aber diese Nacht kann sein Körper nicht
    5 Minuten still liegen
        vor Zuckungen auch auf dem Unterleibe, und auch Drang das
        eine und das andre Glied zu bewegen
diesen Morgen in der Kirche konnte den mit Messing beschlagenen
    Stock nicht aufsetzen
        überfiel ihn Frost und als wenn alle Theile aus einander
        gingen
heute schlägts auch sehr | thut ihm alles weh, wo er liegt. Die
    Theile schlafen ein.
wenn er sich im Liegen zwingt, sich nicht hin und her zu bewegen,
    so entstehen Zuckungen

Tox riechen   Fühlt das Schlagen blos da, wo er mit einem
             Körpertheil anliegt,
             oder welchen Theil er mit der Hand berührt
             Ist so ein Begehren des Lebensgeistes, ein
             seufzendes Einathmen

Seite 508
25. März 1815

weit weniger Zuckungen gehabt, gestern Abend nicht
     (etwa 5, 6 Mal)
          aber Klopfen stärker am ganzen Körper bis in die Zähne
hatte unbeschreibliche Angst, mußte aus dem Bette aufstehen,
     schrie als
          wenn er die heftigen Zahnschmerzen hätte
Nervenschwäche (von Vormittag 10 Uhr an) konnte nicht vertragen
Er ist dem Zerfallen nahe
     kann sich nicht ertragen in dieser Atmosphäre
heute wohl 10 Mal Empfindung als wenn er nach Lebenskraft
     schnappt
als wenn nichts zureicht, die Luft nicht zureicht, befriedigt
     ihn nichts

Seite 513
27. März 1815

in der Nacht, wie in einer Art von Wahnsinn gelegen, ist
     rumgegangen, wußte nichts
von sich – wie in einem Zustand von Auflösung – zuweilen
     geweint - Anfälle
von Hypochondren.
gestern den ganzen Tag wie in einen Nebelschleier gehüllt – dann
     Spannen im Gesicht
- Abends 6 Uhr gestrichen - wirkte
          Körper wollte sich nicht beruhigen – er mußte ihn 16 Mal
          streichen
          vorher waren die Pupillen ganz eröfnet
die Nacht viel ruhiger geschlafen, Zuckungen sehr wenig
heute kein Spannen.   das Schlagen heute noch gar nicht
     gewesen
Wiek bestrich En - und ward davon glühend heiß und schwitzte
     über und über

magnetisirt und wieder ausgesetzt, nun herabgekommen weil er
   nicht 3 Tage gestrichen ward
die Nächte furchtbare Träume
kann sich nicht genug in Acht nehmen vor fixen Ideen
   einbildnerisch
Zuckten die einzelnen Muskeln
läuft ihm heute viel Wasser im Mund zusammen
     gestern Abend große Angst im Mund ohne Schmerz
blos Nervenschwäche
doch nicht exaltirt mehr verdrießlich
über der Arbeit vergehen ihm die Gedanken
Appetit
zu Stuhl bis
gehen keine Haare mehr aus
sehr schreckhaft früh   ol. martis gerochen

keine Wirkung von ♂ riechen | davon beengte es die Brust, und zog
   auch den Schlund zusammen
gestern magnetisirt und davon das Schlagen sich um 1/3 gelegt
             | muß tief atmen und |
             | gehen um sich zu erleichtern |

Mesmerism ward fortgesetzt, und Eisenscheu vermehrte sich immer
   mehr
Zuckungen nahmen ab | nach Tisch ungeheure Müdigkeit
   auch heute wieder in der großen Zehe Reißen
Vor 4 Tagen Eisenscheu wie Wahnsinn, fühlte doch da in sich daß
   sichs ändern müßte
      Zähneklappern krampfhaftes.
      Nacht drauf Pollutionen gehabt und dann wieder besser
               Tox riechen
Seit 3 Tagen sichtbares Zucken in allen Theilen
Zahnweh unaufhörliches, krampfhaftes seit gestern Abend
  └── Spannen Klemmen | vorher Jücken.   äußeres Ohr und
   | gestern früh ganz schlecht, wollte auseinander fallen | Nasenspitze kalt
   | nach dem Tief Frühschlaf mit fürchterlichem Traum, | im Rücken wie
     heftige Erektionen   eingeschlafen
        dann steht er ermüdet auf   [*]

Seite 27
18. April 1815
die Zahnschmerzen nicht zum Ausbruch gekommen
    am Halse unter dem Kiefer dick,
      bei Berührung nur das erste Mal
zieht nur zuweilen in dem Kopf flüchtig
Körper frei von Antipathie und Scheu vor Eisen
beide Nächte nicht gut geschlafen, weniger geträumt und nicht
    so schreckliche Träume
Schlagen wohl noch, aber ohne Angst, Körper habe mehr Konsistenz
zuweilen überläuft ihn bei der geringsten Bewegung kalter Schweiß
    (auch sonst bei Zahnweh)
vor 1 Stunde schien sich Zahnweh legen zu wollen, aber im Freien
    erneuerte sichs
kein Bedürfnis für Mesmerism, glaubt, es würde
dumpfer drückender Schmerz
Zahnfleisch empfindlich wie Wunde tactu, wenig geschwollen nach
    der Backe zu.

Seite 40
24. April 1815

das Schlagen (palpitatio) wieder sehr arg
Eisenscheu arg seit Freitag Abend – da waren die Zahnschmerzen
    bis aufs äusserste
      mit Geschwulst bis Abend 10 Uhr, wo sie verschwand
      und schlief – wiewohl mit Träumen
glaubt das Schlagen höre im Schlafen auf – denn früh dauerts
    10 Minuten
      ehe es anfängt | ist ihm alles gleichgültig komponirt nicht
vibrans Dolor omnium membr. Arn.
gestern Abend wieder das Seufzende Athmen
      kann nicht klaviren – zittert mit den F[ingern]
      auch Spannen im Gesicht
      und Zusammenlaufen des Wassers im Mund wie Eisen
das Schlagen kann blos durch Körperbewegung gemildert werden
nicht schwach, Appetit – aber hastiges Essen
geht wohl in ½ Stunde 3 Mal (geht 3 – 4 Mal täglich die lezten
    Male durchfällig)
an Magnet, Zink, tart. emet. | immer Hitze im Kopf

138

palpitatio musculorum artuum Nux | Nach Tisch ¼ Stunde höchste
    Ermattung
        Kopf betäubt, muß sich legen
wenn die Eisenscheu arg wird, wird er da ganz trocken
    und dann bricht oft schnell ein eiskalter Schweiß aus blos
    beim Gehen ⌐
      ⌐ und da empfindet er eine große Schwäche
        knickt zusammen
im Kreutze wie eingeschlafen
    und wie Kriebeln
gestern Abend heftiges Jücken und Bläschen
        am Kinn
am stärksten das Schlagen im Liegen
palpitatio musculorum partis inter decubitum Ign.
oft ein lautes Kollern
Palpitatio fibra muscul art. Coloc
in der Krankheit rucken plötzlich oft seine Glieder
       ⎰ Nord 3 Minuten   ⎱
       ⎪ davon ruhiger aber Spannen im Gesicht ⎪
       ⎪ schlug gleich in den Fingern   ⎪
       ⎱ Spannen vermehrt im Gesicht ohs. jugatibet ⎰

Eisenscheu weniger
aber Klemmen im Kopf heute mehr
ein Brennen im Schlunde (was er selten hatte)
  └────── ein Herandämmern mit Wärmeempfindung
das Schlagen noch - abwechselnd
ist heute erschlaffter
hat geschlafen ziemlich gut wie die vorigen Nächte
Appetit und auch mit hastigem Essen, darf ja nicht zu viel essen
        hatte davon etwas zu viel heute das Schlundbrennen
die krampfhaften Zuckungen im Zwerzfell heute nicht gehabt, aber
        es scheint zu kommen, und das macht Beängstigung vorher
wieder die Ermattung nach dem Essen
        seit 6 Jahren ohne Ausnahme - weit schlimmer nach Wein
mehr krampfhaft zusammengezogen Kinnbacke heute
braucht Zeit nach einiger Zeit Schweigen
das Zucken und Schlagen an jedem Theile.

NB Süd
[*]

eine unruhigere Nacht einen besseren Morgen, einen leidlichen
    Nachmittag und geschlafen Abends
diesen Morgen ein heftiges Klopfen an der rechten
nun schlägt es so wie innerlich im ganzen Körper – wenn er
    still sitzt
kraftvoller oder hastiger, doch weniger hastig gegessen
Beklemmung aus dem Gesicht weg – mehr jezt in dem Zahnfleisch –
    immerwährend Kr [?]
       | heute einige Mal auf ein Augenblick |
       | (schrecklich, wie er ehedem fortgesetzt war) |
so eine beklemmende Angst um den Magen
heute sehr heiter, diesen Abend weniger.
fühlt an jedem Theile den er angreift ein Klopfen pulsartig
hat heute mehrmals gezuckt. | Appetit – fast zuviel
heute nur bis zu Stuhle

seit gestern
schlagen und zucken noch, aber nicht zu gefährlich
Nervenschwäche und Eisenscheu abwechselnd und geringer
vorvorige Nacht angenehm geträumt
aus dem Gesicht ganz raus
in der lezten Nacht etwas unruhig geschlafen, aber weil er sich
    gereizt hatte durch Arbeit
Magen noch etwas übel Kollern vorzüglich früh drin
    Nachmittag wenig
nicht am Tage sich zu legen nothigt gehabt |
        mehrmal genießt   gute
        und Ausfluß aus der Nase | Vorbedeutung
gestern 2 Mal zu Stuhl
heute nur 2 Mal, glaubt aber heute noch einmal gehen zu müssen

jene Tage gut – dann kam Spannen im Gesicht, welches auch wieder
    verging – heute wieder viel
nun seit gestern früh

in dem Zahn ist ein übles zerstörendes Gefühl
ein brennender Schmerz unter den Augen augenblicklich
viel Zucken in dem einen Aug.
jetzt jählinges Rucken des Körpers, der Arme, der Füße
sehr angst – Frost – Zucken bis in die innersten Theile

Appetit hastiges Essen
nach dem Essen Ermattung
ungewöhnlich heiter | nicht schwach könnte
  wohl 5 Stunden gehen
Im Gehen am besten   darf nicht sitzen –
will nur immer in die frische Luft

kann die Nacht nicht ruhen vor einem Andrang von Ideen
darf die Augen nicht zumachen
heute alles am Kopf   so kamen 1000 Bilder
heute viel Gähnen   schlägt auch noch
krampfhaft zusammengezogen, dabei Ohrläppchen kalt
Stuhl 3, 4 Mal täglich und wenn ers übergeht, Durchfall

an Puls
an Süd
an Coff.cr.
an Mesm.
an Ign.
[*]

heute
mesmerir
[*]

Seite 64
6. Mai 1815

Nordpol 1 Minute   sogleich mußte krampfhaft athmen
schwitzte über und über
Schmerz im Zahn und Zahnfleisch

NB Nord
[*]

Seite 66
8. Mai 1815

gestern früh bis Mittag Schmerzen gehabt
noch Nordpol um 6 Uhr | um 8 Uhr wieder die Schmerzen im Zahn
  heftig   schwoll zusehends
      dauerte bis 3 Uhr Nacht   da war indeß der Körper ganz
        wohl
früh um 8 Uhr fing der Schmerz wieder an
aber 11 ½ Uhr sank die Geschwulst plötzlich
war dann nur ½ Stunde wohl dann traten alle Zustände wieder ein
    das Spannen im Gesicht, das Zucken und Rucken und große
      Schwäche
        konnte nur 1 Stunde gehen
die Nacht so schlecht, als lange nicht, geschlafen, konnte vor
  Pochen, Zuckungen nicht
    einschlafen, schlief um 12 Uhr
      fürchterliche Träume bis 1 Uhr
      mußte sich oft aufsetzen

141

gestern Abend viel Kopfschmerz (selten) ein Ziehen
    stand um 7 Uhr auf   drauf Zustand besser
    nun um 9 ½ Uhr Spannen
        wieder Eisenscheu und Nervenschwäche
Magen sehr schlecht – eine einzige Mundsemmel bringt Zittern im
  Magen und Schneiden hervor
dabei heftiger Reitz zum Essen Heißhunger
    schwitzt jezt am Unterleib und Rücken
    jezt ruckts im Schlaf
    dabei Geist immer angegriffen und beschäftigt – unaufgelegt
      zur Arbeit
heute einim Coff. cr.

Seite 116
2. Juni 1815

statt aller sonstigen Uebel
jezt einen Kitzelhusten wenn seine Ideen lebhaft werden
    jezt wohl Husten wieder weniger, aber wieder Spannen im Kopf
      wie in den Knochen als wenn sie nicht zureichten,
        in der Stube nur, wenn er raus geht besser

Seite 132
12. Juni 1815

den Tag drauf – auf das Riechen eines Kügelchens (nescio) – gar
    kein Spannen gehabt, den zweiten Tag drauf wieder
wenn ers dahin bringe nicht zu denken, so hörts gleich auf
keine Träume mehr
Haut nicht mehr trocken, kein Schlagen, keine Aengstlichkeit
keine Eisenscheu

Seite 214
21. Juli 1815

blos in den heißen Tagen wohl
jezt Klemmen im Gesicht – was auch durchs Essen unterdrückt ward
    └ kein Schmerz blos eine Angst und Betäubung
seit 8 Tagen heftiger Schnupfen, und Stockschnupfen
    dabei heisch und liegt in der Luftröhre
    und arger Husten 3 – 5 Stunden bis ins Bett
    Kitzel in der Luftröhre und dann zwei, drei Stöße
    kann dabei nicht ruhig schlafen vor Träumen und Betäubung

142

seit dem Husten weit weniger Spannen und Klemmen
nach dem mindesten Essen kommt Husten   Gesicht Spannen
Mittag so schwer und last, daß ihm die ganze
Welt zu eng ist
nach dem Essen ein dumpfer Schlaf
vor dem Schnupfen vor 8 Tagen sich gebadet, seit dem wieder
etwas Nervenschwäche
widrig ist ihm seitdem Eisen weniger als Thon.
in scrob. immer eine Angst, wie ein Zittern im Magen
auch Zucken wieder am ganzen Körper bis in die Fußzehe am Tage
und Nacht mäßig

Seite 498
14. Dezember 1815

keine Nervenschwäche
O⁀O Helleb.n. hep ♃ Eis. Surmh. ☿ tox Cinch Nux Squ. Chenop
seit Sonnabend gelb, nur zu einigen Stunden mehr, andre weniger
seit Sonntag kann nichts mehr essen
dann Übelkeit, Sonntag gebrochen
        zuweilen Reitz zum Essen, aber es bekömmt ihm alles gleich
        schlecht
wirft blos Schleim aus, scheint alles zu Schleim zu werden
gestern kein offener Leib, heute zwei Mal
Urin feuerroth
vor Bier besonders Weißbier großen Ekel
immer fieberhaft, Schauder und trocken im Mund und Abscheu vor
    Trinken
        Finger und Nasenspitze kalt
blos schleimiger Geschmack
auch heute etwas Schneiden im Bauch
ganzliche Schlaflosigkeit und wenn er je einschläft
        fürchterliche Träume
        die peinigen ihn so, daß er lieber wacht
Jücken am ganzen Körper wieder
und oft aufstoßen
Gähnen   (durch Nießen erleichtert er sich)
Magen scheint wie tod, durch Aufstoßen kömmt er wieder in
    Bewegung
        heute med. duo Squ. 6 ℥ 3ℨ

NB

ein Paar Stunden nach Squ. ein immerwährender Schleimauswurf
  so daß er etwas Appetit
bekam, worauf ihm aber wieder übel ward
den ganzen Tag brecherlich, nur die Nacht nicht, da hat er
  Appetit, so wie er aber
    aufsteht, ist die Brecherlichkeit wieder da
kann bald schlafen
ein krampfhaftes Zusammenziehen in der Gegend des Nabels
bekömmt nach dem Einnehmen Aufstoßen und Schleimauswurf
seit Squ. (schmeckt ihm alles bitter und sauer)
kann keinen Tabak rauchen, des Schleims wegen
        ⎰ Wasser schmeckt bitter   ⎱
        ⎱ Bouillon schmeckt ihm wie Schleim wie nichts ⎰
auch nicht gut Odemholen Nachts, bis er wieder Schleim
  ausgeworfen hat
weniger Fieber
von 6 Uhr an ist ihm am übelsten, ist ihm dann immer zum
  übergeben
die Nächte ganz unruhig – wenn er eine Stunde liegt ist ihm der
  Kopf wie Blei
      daß er ihn kaum aufrichten kann

noch kalte Hände
diese Nacht 1 Pollution die er seit 4, 6 Wochen nicht hatte
nach allem was er ißt, hat er innerlichen Frost, mit Unbehaglich-
  keit und tiefem Athmen
gestern kein Stuhl
heute sehr wenig
diese Nacht auch heftiges Zusammenfahren
wenn er kein Aufstoßen hat, so bekömmt er Zusammenziehen in der
  Unterkinnlade
      auch wohl in den Zähnen
        doch nur überhingehend
Träume beunruhigend
      auch mehrere Stunden nach dem Erwachen sieht er
        die Personen vor sich, hört sie spielen, und weiß jeden
an Magan.   Ton
Jücken noch, auch an den Schamtheilen große Empfindlichkeit
          Tox med.₂ 6 ♒ 3|

seit gestern bedeutend schlimmer (vorgestern Stuhl auf Tox)
    auch Abends mit Appetit Hering und Kartoffeln aber Uebelkeit
       drauf bis zur Schlafzeit
Mund ganz trocken und beständiger Abscheu vor dem gewohnten
    Getränk
seit gestern früh immer gelber | Kapern gegessen,
    Nachmittags Uebelkeit bis die Nacht um 1 Uhr
       lag wie Stein im Magen, konnte gar nicht aufrecht gehen
Schmerz ging rauf von scrob. bis in die Brust – mußte fast alle
    ½ Minute Schleim
       auswerfen. Um 1 Uhr heftiges Erbrechen wo die unverdauten
       Speisen fortgingen
auf Apfel und Rindfleischbrühe übel heute geworden
bei Franz's Gegenwart der gegessen Reiß wohl bekommen
gestern bis nach Tisch Stuhl und Abends durchfällig
Spannen im Gesicht, wenn er den Schleimauswurf hat – hat nur
    Stundenlang Schnupfensymptome
hang heute zu Schlaf weit mehr als gestern
       kann aber nicht wegen Kollern und Zucken in den Gliedern
          was ihn aufschreckt
Urin scharf, mit doppeltem Strahl, mit Schmerz
vor der Gelbsucht heftige Erektionen
Nervenschwäche wieder und sehr reitzbar
Schlaf unruhig durch Träume voll Abwechslung von Fröhligkeit
    zu Schreck
wenn er die Augen zumacht scheint sich alles mit ihm zu bewegen
Abends Gähnen
Ekel gegen alles was er bisher zu genießen pflegte
während des Essens ist ihm wohl, wollte immer aufstoßen und
    könnte nicht

aufs erste Manipuliren sich wohl befunden, doch früh wieder
    stark gelb
24 Stunden drauf nach der Kindtaufe die Nacht Durchfall bis 24
    Stunden lang 18 Mal,
       davon sehr matt   Magen ganz erschlafft   Brennen im After
                    After war wie gelähmt
                        ging alles fast unwillkürlich fort
    gestern beständige Uebelkeit
       wegen des ungeheuren Schleims im Rachen

heute ist der Schleim sehr fest, daß es ihn hebt wenn er ihn
   ausraksen will
diese Nacht auf Manipuliren und Pollicar nicht mehr Durchfall
diese Nacht bis 4 Uhr geschlafen, da sich gestärkt gefühlt
     dann die ängstigenden Träume, Mord, Diebstahl
        wollte entfliehen konnte nicht fort
        davon dann ganz wie zerschlagen
        war sehr ärgerlich
beim Liegen Schmerz im Rücken
thut ihm alles weh, wo er sich anlehnt
          wie zerschlagen
Durst, gleich ist Mund und Lippe trocken
Kopf darf er nicht widrig legen, macht ihm Angst
zieht oft die Unterkinnlade scharf na[?]
kann doch wohl ein Ueberbleibsel von Krätze seyn
im Bett fühlt er sich stärker als raussen

$$\left\{\begin{array}{l} \text{Cinch Bell. Ign. } \text{O}{\sim}\text{O (Nux)} \\ \text{hep. } \text{\Large ♁} \\ \text{6 } \mathcal{S} \text{ No 1 med. } \text{O}{\sim}\text{O} \end{array}\right.$$

Seite 516
22. Dezember (?) 1815

gestern nach O∿O das Essen Mittag und Abend schlecht bekommen
     lag wie ein Stein im Magen | diese Nacht ziemlich geschlafen
von O∿O Suppe unverdaut von ihm gegangen
ist doch gesprächiger heute, und weniger gelb
heute noch nichts von Schleim gesagt

$$\left\{\begin{array}{l} \text{gestern Abend starken Durst} \\ \qquad\text{und doch Ekel vor Trinken} \\ \text{das Zucken heute nicht gehabt} \\ \text{Trockenheit im Mund nicht mehr} \\ \text{nur noch Schleim} \end{array}\right.$$

Seite 518
23. Dezember 1815

noch der sehr zähe Schleim im Rachen
die Augen sehr gelb und das Gesicht | Beugen wenigstens
   gelber gelbe Nägel und hohle Hand
Urin ganz dunkel früh
Stuhl grau und weiß, und sind auch ganze Stunden Schleim dann
diese Nacht sehr fest geschlafen, auch diesen Nachmittag eine
   Stunde geschlafen

146

Bier schmeckt bitter | heute Anfall gegen Eisen von Nerven-
   schwäche
immer Schneiden und Drücken unter dem Nabel, seit gestern Abend

Seite 519

heute am ärgsten der Ekel vor Speisen

Seite 520
24. Dezember 1815

konnte heute kaum über die Stube gehen können
die Nacht zweimal laxirt und heute Vormittag 2, 3 Mal
die ganze Nacht Leibschneiden unter dem Nabel
Uebelkeit war arg   alles scheint nach dem pallia-
nach dem Essen Drücken immer   tiven Wein sich verschlimmert
ißt alles so hastig rein   zu haben
                                         auch heute Mittag etliche
                                         Schluck Wein getrunken und
                                         drauf gleich wie recht wohl
hat nicht geschlafen die Nacht
Abend im Bett Schauder Anfallen
diesen Morgen viel Durst – die Nacht nicht so sehr
Schleim ganz zäh | Stuhl noch weiß und grau   ⌐ hep ♃ Br.
Rückenschmerz beim Anlegen wieder und die Schwere in den Gliedern   ⌐ gelbs.
Bier schmeckt ihm nicht   [*]
      3 Conch und | Cônche mit hep. ♃   auf morgen früh
      groß | No 2

Seite 521
25. Dezember 1815

Mattigkeit nach mesm. weniger
der schneidende Schmerz beim Harn und daß er die lezten Tropfen
   nicht aufhalten konnte ist weg
Schwere der Glieder weg.
Durchfall nicht die Nacht
Geschlafen
Speisen diesen Morgen nicht weggebrochen, blos Schleim
Drücken nach dem Essen nicht blos mehr in der Blasengegend
         sondern bis zum scrob. hin
kein Schneiden im Unterleib die Nacht

Schleim diesen Morgen nicht so häufig (Nachts wenig)
Gilbe nicht stärker
Gemüth heiter, viel gesprochen
kein Rückenschmerz
Appetit nicht, aber wenn er ißt, so gehts
Durst wenig

Seite 524
26. Dezember 1815

Nhöp. ♃ gestern auf dem Spaziergang sehr hypochondrisch | spuckte sehr
        viel
die Nacht viel Träume von Todt, sah sich sterben – es ruft ihn
    er sollt schlafen und so schläft er
        sah in der Nacht alles gelb
Spannen im Unterleib wenn er Athem holt unter scrob.
diesen Morgen nur noch 1/3 Schleim | war auf, heute
nach mesm. Stillstand im Magen mit Aufstoßen und Angst und
    Kraftlosigkeit durch den ganzen Körper
        gestern Abend am Plattfuß kitzelndes arges Jücken nach mesm.
        Urin sehr dunkel, mit Satz
?NB höp. ♃ heute Nacht Blähungsabgang mit Leibschneiden jedesmal, kein Stuhl
!hep ♃   schmeckt ihm seit mesm. süß und nicht mehr bitter
gestern Abend alles fein gerochen, und doch lange Jahr

Seite 525
2. Konsultation am 26. Dezember

diesen Mittag eine Mattigkeit daß er sich legen mußte
    und ein Spannen über die Herzgrube   darauf mesmerirt
naß süßer Geschmack im Mund
acon. Ign.   ☊ (Bell)   Nux med.
                └ heute Abend

Seite 526
27. Dezember 1815

Schneiden bei Blähungen und Aufstoßen
bekam einen heftigen Appetit zu einem Apfel und aß

148

2. Konsultation am 27. Dezember

lebhafte Träume in denen er viel gesprochen hat
   und Pollution
und drauf früh so matt, daß er nicht aus dem Bett wollte
am Tage weniger matt
die Nacht bis Durchfall und am Tag bis, beim lezten Stuhl kam
   Uebelkeit und Erbrechen
Stuhl noch weiß und grau
viel gegessen, doch zu nichts bestimmtem Appetit
heute mehr Drücken im Magen, auch bei Berührung schmerzhaft,
  | als wollte es den Odem versetzen
  └── nach dem Essen schlimmer, und doch weniger empfindlich
     Aufstoßen nach dem Essen aber keine Uebelkeit | nach Tisch
     Schlaf
nach dem Essen ziehet ihm die Herzgrube zusammen daß er sich
   nicht aufrichten kann
Schleim etwas mehr als gestern | kein süßer Geschmack, mehr
   säuerlich

NB acon
[*]

Seite 527

hat vor alles Ekel, aber wenn mans ihm vorhält, so ißt er und es
   schmeckt   ißt begierig
Jücken unbedeutend
ekelt ihn Wasser, Wein und Bier an
weniger Durst, doch Trockenheit im Mund

Seite 528
28. Dezember 1815

vor dem Einnehmen heute um 2 Uhr noch Stuhl   drauf Chin
kräftiger, viel raus, ist aber zorniger, doch ist er schon
   zorniger gewesen
weniger gelb jezt um 11 Uhr als vor China

Seite 531
29. Dezember 1815

gestern nach Trinken einiger Gläser Bier stand alles still
   vom Halse bis zum Unterleib
mit großer Angst, dann Abend 9 Uhr Durchfall 5 Mal

149

von dem Bier Schwere in den Unterschenkeln, bekam die Nacht
   Schneiden und ging
      nicht durch den Harn sondern alles durch den Stuhl ab.
doch die Nacht etliche Stunden geschlafen, seit 4 Uhr kein Stuhl
      hat doch heute guten Geschmack und Appetit
beim Spazieren ward er sehr matt

Seite 533
30. Dezember 1815

Gelbsucht fast ganz weg
mußte sich diesen Morgen zweimal brechen, das lezte Mal gelb-
   schleimig ohne große Uebelkeit vorher
Appetit fast ganz verschwunden
Suppe schmeckt ganz bitter (aber Fleisch und Kohlrabi schmeckt
   ihm)
      beim Anfangen des Essens schmeckts ihm nur bitter | Bitter-
         keit durch Essen vergangen
ausser dem Essen zuweilen bitterer Schleim im Halse
gestern Nachmittag wollte er immer zu Stuhle gehen, und wie er
   ging wars dünn und hatte doch Pressen
Nacht um 12 Uhr Stuhl
und um 7 Uhr früh und um 11 Uhr Stuhl, leztrer grün
die Nacht Blähungsabgang ohne besondres Leibweh
auf Pflaumen süß und bittres Aufstoßen heute
Drücken auf Essen nicht mehr
      aber tactu schmerzhaft scrob.
Magen aufs Essen angespannt drückt ihn aber doch nicht
Aufstoßen nach den Genüßen
nicht viel Durst   ⎰ist doch heftig, aber heiter ⎱
                      ⎱   drin wird er weich ⎰
                          Puls med.   3 ♀
hat gut geschlafen, angenehme Träume
heute kalte Füße
Glieder noch so schwer wie Blei
Tabak hat keinen Geschmack für ihn, Ekel vor Wein

Seite 535
31. Dezember 1815

seit der Krätze hat er den Schleim behalten
die Uebelkeit im Magen kann er sich durch Essen erleichtern

150

1. Januar 1816

vorige Nacht blos von Essen und Trinken geträumt
    wenig aufgewacht gut geschlafen
früh weder Schleim noch Uebelkeit – dann Kaffee getrunken aus
  Sehnsucht
    2 Pfeifen mit Appetit geraucht
guten Appetit und Wohlgeschmack
guten grünlichen duckeln Stuhl einmal
in scrob. tactu besser | Schwere in den Gliedern weniger
vergnügt
blos Jücken am After, wenn er kratzt läufts weiter

Seite 540
2. Januar 1816

vorige Nacht erst wild geträumt,
    dann aufgewacht in heftigem Jücken dann Schweiß
früh wieder wohl, Stuhl fast natürlich
                ⌈ sein Jücken sei vor Schwefel Brennendes ⌉
                   | Jücken gewesen |
½ pulver ♃ | vor dem Kratzen |
                   ⌊ und nach demselben ⌋

Seite 541
3. Januar 1816

von 11 – 6 geschlafen
nur arge Zerrbilder im Traum
hat heute etwas Kopfweh auf die andre Hälfte des ♃ ☉
    glaubt dieß sei immer, wenn er von dem phantastischen
    Träumen nicht auf wache
im Magen besser, aber noch keinen natürlichen Appetit | nur so
  ein leckrer Appetit
Stuhl fest und gefärbt, besser als je
hatte heute Geruch in der Nase – wie Anfall und dabei Vollheit
  im Magen
Jücken weniger, Brennen ist nach dem Kratzen

die gewöhnlichen Träume
Schweiß von den Knien bis an die Nabelgegend stark bis an den
    Morgen
eine Pollution
Im Gesicht und dem Zahn Unruhe
zu fixen Ideen sehr geneigt
diesen Morgen auf ♃ Vollheit
Jücken unbedeutend
Verlangen nach Essen, aber kein Hunger – kann essen wenn er
    einmal angefangen hat
Essen macht ihm Beschwerden, läge ihm Magen
wenig Durst
Bier ekelt ihn an, kanns aber doch trinken

noch hie und da Spannen im Gesicht raufwärts in den Zähnen
die vorige Nacht, ganz wahnsinnige Träume, immer vom Tod,
    Hinrichtung
       weiß jedes Wort was er gesprochen
          mit Angst
das Jücken war fast ganz weg
gestern Abend ein Jücken am Unterleib mit schwärzlicher Blase,
    da wars im Gesicht weg
diese Nacht ohne Angst geträumt
heute kein Jücken mehr, dafür mehr im Gesicht.
empfindet noch keinen Hunger, wenn aber die Zeit kommt, so muß
    er essen und viel essen
Magnet   Zahnfleisch an den hohlen Zähnen geschwollen
gestern Reitz zum Essen in dem Unterkiefer   Tox riechen

Kälte gestern Abend und Schwere in den Gliedern   mußte sich
    legen │ Empfindung in den Zähnen gehabt
nicht recht Appetit – zuweilen Uebelkeit, vom Essen
    vergehts   Tox Cham.
         noch Friesel an dem Unterleib
         viel Jücken

2. Konsultation am 10. Januar

sehr schläfrig am Tage und Abends muß sich nieder legen,
  und schläft dann gleich ein
am Tage und Abends frostig mit kalten Händen und Füßen   ? NB tox
früh Uebelkeit, die nach dem Essen vergeht und dann wieder   [*]
  kömmt
kann nicht viel essen, ist ihm auch nicht so leicht
vom blosen Anblick bekömmt er Ekel vor Bier
Urin macht doppelten Strahl   ? NB tox
Jücken immer ärger, Bläschen auf dem Unterleib, wo Wasser raus   [*]
  kömmt
fängt an wieder gelb zu sehen.
verdrießlich, doch verzweifelt oder überspannt, spricht wenig
  und langsam   Scheint sich nicht recht besinnen zu können

geschwollenes schmerzendes Zahnfleisch $\frac{\square}{+}$ emet. $\dfrac{1}{600000}$ med.₃

Seite 562
11. Januar 1816

Schlaf schlecht (auf Kummer) konnte sich im Traume des vorigen
  Traums erinnern und sich erinnern
träumte sein Unterleib sei mit Blasen überzogen
früh nicht den Hang zu schlafen │ weniger Uebelkeit, mehr Appetit
weniger Grimmen

Band 14, Seite 4
13. Januar 1816

vorige Nacht weniger schreckliche und delirinde
  Träume, aber eine Stunde im Traum geweint diese Nacht.
Nun   heute 1 Glas Bier getrunken │ in seiner Krankheit
  war drauf immer ein schleimiger, fahler Geschmack
    - auch mit Appetit gegessen
hat sich heute geärgert, und daran blos müder geworden
    - ganz im Kopf frei

| von Bethooven |
| scene a[?]perfido[?] |

| hat nur diesen einzigen |
| Tag singen können |
| ist auch keine zum Klavier |
| zu seyn, war also |
| gar nicht wahrscheinlich |

gestern Abend kalmirt und 2 Stunden drauf Zahnschmerzen
    und ein Bläschen am Zahnfleisch, was bei Berührung sehr
        schmerzhaft
die ganze Nacht durch, erst früh um 5 Uhr etwas eingeschlafen
    nachdem er einen Apfel gegessen hatte
Jücken am ganzen Körper ist weg –
auch den ganzen Vormittag Zahnweh und auch Nachmittag 12 ½ Uhr
    wieder
sieht gelber wieder ǀ hat mit vielem Appetit gegessen ohne
    Beschwerden
klammartig sollen die Zahnschmerzen seyn

Anhang II

Transkription der Kasuistik
der Patientin Schubertin

Band 13, Seite 294
1. September 1815

Schmerz in der rechten Seite seit 3 Wochen
   aus der Seite in die Herzgrube, da stichts
wenn sie auftritt, oder einen Fehltritt thut⌐, da
   stichts in scrob. └durch ganz Br. auch z.B.
              z.B. 252, 293
wenn sie was ißt, so wirds ihr schlimm, läuft
               116 118
ihr Wasser im Munde zusammen wie vorminatio
       357 Br.
schläft bis 3 Uhr (von jeher)
      321.
im Liegen ist ihr ganz wohl, kein Seitenschmerz
   und nichts
blos beim Gehen, zu jeder Zeit
bei starkem Schmerz überläuft sie Schweiß
vor 14 Tagen [?] zulezt
Speisen schmecken, stoßen auf jedesmal leer Br 102 108
          1 q starke Br in No 1 6 Conche
               3ǁ

Schubertin

heftigen, zu
Zank, Zorn auf-
gelegten
Gemüths Br 406
diese blos bei
Bewegung, frei
davon in dem
Liegen,
in der Ruhe Br.
[*]

155

Anhang III

Tabellen und Graphiken

Graphiken zur Altersstruktur von Hahnemanns Patienten

Band 12

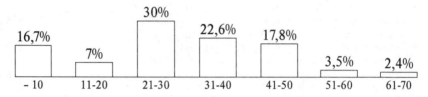

Band 13

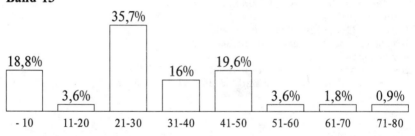

Band 14

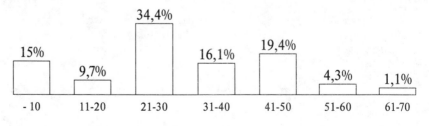

156

Auflistung der Berufe von Hahnemanns Patienten

Band 12

Theologie-Studenten (6)
Jura-Studenten (3)
Pastore (2)
Apotheker
Bäcker
Briefträger
Fabrikant
Gastwirt
Hauslehrer
Hofprediger
Hofrat
Lehnmeister

Müller
Revierjäger
Schäsenträger
Schuhmacherin
Schuster
Tuchmacher

Bauers Kind
Fuhrmann Kind
Kaufmann Sohn
Schlosser Sohn
Schulmeisters Tochter

Band 13

Theologie-Studenten (15)
Jura-Studenten (5)
Pastore (5)
Kaufmänner (4)
Schneider (3)
Schuhmacher (2)
Bäcker
Buchdrucker
Finanzkommissar
Galanterie-Händlerin (?)
Gärtnerin
Gastwirt
Hausschlächter

Klempner
Kutscher
Leistenschneider
Mädchenschul [-meister?]
Rittmeister
Schmidtgeselle
Schreiber
Spinner

Fuhrmann Sohn
Klempner Sohn
Schneiders Kind

Band 14

Theologie-Studenten (11)
Jura-Studenten (6)
Buchdrucker (3)
Kaufmänner (3)
Pastore (2)
Philologie-Studenten (2)
Mägde (2)
Buchbinder
Gärtner
Gerber
Justizkommissar
Kutscher
Medizin-Student
Schäsenträger
Schleifknecht

Schlossergeselle
Schneider
Schuhmacher
Tagelöhner
Wagenhändler
Wirtin
Zimmerer

———————————

Gärtners Frau
Gärtner Sohn
Kopist Frau
Pastors Sohn
Sammtmachers Frau
Schuhmachers Kind
Tischlers Frau

Karte mit den Wohnorten von Hahnemanns Patienten

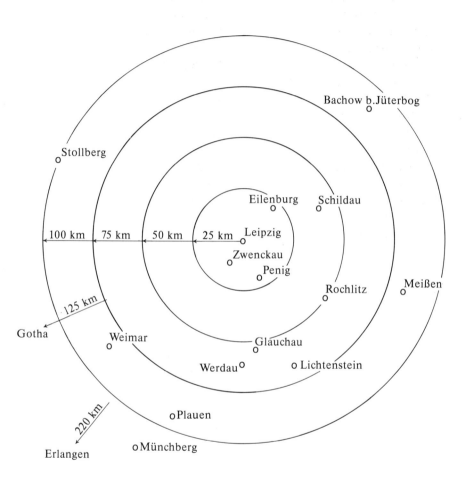

Lateinische und deutsche Namen der erwähnten Arzneimittel

Lateinischer Name	Deutscher Name
Aconitum napellus	Sturmhut
Arnica montana	Bergwohlverleih
Arsenicum album	Weißes Arsenik (Arsentrioxid)
Belladonna = Atropa belladonna	Tollkirsche
Bryonia alba	Zaunrebe
Chamomilla = Matricaria chamomilla	Kamille
Chenopodium	Gänsefuß
China officinalis = Cinchona calisaya aut succirubra	Chinarinde
Cocculus indicus	Kockelskörner
Coffea arabica = Coffea cruda	(ungeröstete) Kaffeebohne
Colocynthis = Citrullus colocynthis	Koloquinte
Ferrum	Eisen
Helleborus niger	Schwarze Nieswurz
Hepar sulphuris	Kalkschwefelleber
Ignatia amara	Ignatiusbohne
Manganum aceticum	essigsaurer Braunstein
Mercurius solubilis Hahnemannii	Hahnemannsches Quecksilber
Nux vomica	Brechnuß
Oleum martis	Eisen(III)-chlorid
Pulsatilla pratensis	Wiesenküchenschelle
Rhus toxicodendron	Giftsumach
Squilla (Scilla) maritima	Meerzwiebel
Sulphur	Schwefel
Tartarus emeticus	Brechweinstein
Veratrum album	Weiße Nieswurz
Zincum metallicum	Metallisches Zink

Graphik zur Häufigkeit der verschiedenen Therapieformen

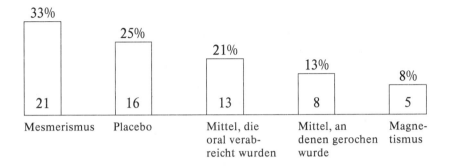

33%	25%	21%	13%	8%
21	16	13	8	5
Mesmerismus	Placebo	Mittel, die oral verab-reicht wurden	Mittel, an denen gerochen wurde	Magne-tismus

Auflistung der wichtigsten Verdünnungsstufen

Milliontel	=	3. Centesimalpotenz	=	100^3
Billiontel	=	6. "	=	100^6
Trilliontel	=	9. "	=	100^9
Quadrilliontel	=	12. "	=	100^{12}
Quintilliontel	=	15. "	=	100^{15}
Sextilliontel	=	18. "	=	100^{18}
Oktilliontel	=	24. "	=	100^{24}
Dezilliontel	=	30. "	=	100^{30}

Anhang IV

Kurzbiographie Hahnemanns

1755	Christian Friedrich Samuel Hahnemann wird am 10. April[1] in Meißen geboren.
1755-1775	Jugendzeit in Meißen.
1775-1777	Vier Semester Medizinstudium in Leipzig.
1777	(Frühjahr – September): Ein Semester in Wien.
1777-1779	Bibliothekar und Hausarzt[2] beim Statthalter von Siebenbürgen, Baron Samuel von Brukenthal in Hermannstadt; dort am 16. Oktober 1777 Eintritt in die Freimaurerloge „St.Andreas zu den Drei Seeblättern".
1779	Ein weiteres Semester Medizinstudium in Erlangen und Beendigung des Studiums am 10. August 1779 mit der Promotion.
1780-1781	Erste Niederlassung in Hettstedt im Mansfeldschen.
1781	Dessau, wo er sich neben der ärztlichen Tätigkeit v.a. chemischen Untersuchungen widmet.
1781-1784	Gommern; neben der Aufgabe als Stadtphysikus wiederum intensive Beschäftigung mit der Chemie; 1. Dezember 1782 Heirat mit Henriette Küchler (1764-1830) aus Dessau.
1784-1789	Dresden; vorwiegend wissenschaftliche Arbeit; die medizinische Praxis tritt in den Hintergrund.
1789-1792	Leipzig; seit 1790 im Leipziger Vorort Stötteritz intensive schriftstellerische Tätigkeit.
1792	Gotha

---

[1] Die Geburtszeit liegt gegen Mitternacht zwischen dem 10. und 11. April. Im Kirchenbuch zu Meißen ist der 11. als Geburtsdatum eingetragen. Hahnemann selbst hat aber stets den 10. als seinen Geburtstag gefeiert.

[2] Die Aufgabe als Hausarzt wird Hahnemann übertragen, obwohl er sein Studium noch nicht beendet hat.

1792-1793	Georgenthal bei Gotha; Einrichtung der „Irrenanstalt für die besseren Stände" im Schloß Georgenthal.
1793-1799	Herausgabe des „Apotheker-Lexikons" in 4 Bänden.
1793-1794	Molschleben bei Gotha
1794	Göttingen
1794-1795	Pyrmont
1795-1796	Braunschweig und Wolfenbüttel
1796	Veröffentlichung der Schrift „Versuche über ein neues Prinzip zur Auffindung der Heilkräfte der Arzneisubstanzen nebst einigen Blicken auf die bisherigen", in der erstmals das Ähnlichkeitsprinzip formuliert wird.
1796-1799	Königslutter
1799-1800	Altona
1800	Hamburg
1800-1801	Mölln
1801	Machern
1801-1803	Eilenburg
1803-1804	Wittenberg und Dessau
1805-1811	Niederlassung in Torgau.
1805	„Fragmenta De Viribus Medicamentorum Positivis sive in Sano Corpore Observatis"
1806	„Heilkunde der Erfahrung"
1810	„Organon der rationellen Heilkunde"
1811-1821	Niederlassung in Leipzig; Habilitationsschrift „De Helleborismo veterum"; Vorlesungen an der medizinischen Fakultät der Leipziger Universität von 1812-1821.
1811-1821	6 Bände der „Reinen Arzneimittellehre".
1821-1835	Niederlassung in Köthen; Ernennung zum Hofrat durch Herzog Ferdinand von Anhalt-Köthen.
1830	Tod von Hahnemanns erster Frau.
1835	Heirat mit Melanie d'Hervilly (1800-1878).
1835	Niederlassung in Paris.
1843	Hahnemann stirbt am 2. Juli in Paris.